Bückeburg und die Dynastie der Schaumburger

Bibliografische Information der Deutschen Bibliothek
Die Deutsche Bibliothek verzeichnet diese Publikation in der
Deutschen Nationalbibliografie; detaillierte bibliografische
Daten sind im Internet über http://dnb.ddb.de abrufbar.

© CW Niemeyer Buchverlage GmbH, Hameln 2009
www.niemeyer-buch.de

Bilder
    Fürstl. Hofkammer, Bückeburg; Bremen-Marketing;
    Erlebniswelt Renaissance; Hubschrauber Museum,
    Bückeburg; Schaumburger Landschaft;
    Tourismus Marketing, Bückeburg;
    W. Hildebrandt; Privat

Satz und Gestaltung
    CW Niemeyer Buchverlage GmbH

Druck
    Quedlinburg DRUCK GmbH

Printed in Germany

ISBN 978-3-8271-9260-8

Bückeburg
und die Dynastie der Schaumburger

Helmut Trunz

CW Niemeyer

Inhalt

- Der Ursprung des Schaumburger Geschlechts — 10
- Rinteln, Lübeck, Stadthagen — 13–15
- Steine zu Geld – der Obernkirchener Sandstein — 18
- Die Weserrenaissance — 20
- Das Mausoleum des Fürsten Ernst III. in Stadthagen — 24
- Bückeburg wird Residenz — 28
- Die Baugeschichte der „buckeborch" — 35
- Die Bückeburger Stadtkirche — 36
- 1619 – der Fürstentitel — 40
- Der Schlosspark — 42
- Das Mausoleum — 46
- Die Teilung — 48
- Graf Wilhelm (Friedrich Ernst) — 48
- Gerhard von Scharnhorst — 51
- Johann Christoph Friedrich Bach — 53
- Der „Steinhuder Hecht" — 53
- Johann Gottfried Herder — 54
- Regentin Juliane — 57
- Das heutige Bückeburg — 57
- Die Fürstliche Hofreitschule — 65
- Höhepunkte des Jahres in Bückeburg — 68
- Das Fürstenhaus heute — 71
- Eine Fürstenhochzeit anno 2007 — 72
- Das niedersächsische Staatsarchiv — 72
- Niedersächsischer Staatsgerichtshof — 74
- Der Idaturm im Harrl — 74
- Bad Eilsen — 74
- Jagdschloss Baum — 77
- Chronik — 79
- Quellen- und Literaturverzeichnis — 80

Bückeburg – Die Bilderbuch-Residenz

Der Bückeburger Marktplatz
gilt als einer der schönsten in Deutschland

Der Ursprung des Schaumburger Geschlechts

Einer der erhaltenen, ehemals vier Türme der Schaumburg

Bereits 1110 erfolgt die erste Erwähnung der Schaumburg, die aber schon aus dem 11. Jahrhundert stammt. Im gleichen Jahr 1110 belehnt der Sachsenherzog Lothar von Supplinburg (1075–1137), der spätere Kaiser und Großvater Heinrich des Löwen Lothar III., den Grafen Adolf I. von Schauenburg (Schaumburg) mit den Grafschaften Holstein und Stormarn. Der Name der Schaumburg entstand vermutlich durch den wunderschönen weiten Blick in das Land, genauer in das Wesertal bei Hessisch Oldendorf, es war „die Burg, die weit ins Land hinausschaute".

Eine gern erzählte Legende schreibt die Namensfindung allerdings dem salischen Kaiser Konrad II. zu. Er soll bei einem Ritt entlang des Helweges bei ihrem Anblick „Schaut, 'ne Burg" ausgerufen haben. Aber das gehört wohl mehr in den Bereich der Fabel. Die erste Interpretation der Herkunft des Namens scheint denn doch deutlich zuverlässiger. Diese Entstehung des Namens ist auch insofern wahrscheinlicher, als die erste Bezeichnung der Schaumburger Grafen ja noch Schauenburg lautete.

Die Schaumburg auf dem 225 m hohen Nesselberg am südlichen Ausläufer der Weserkette gehört zu allen Jahreszeiten zu den markantesten Punkten des Schaumburger Landes. Wer von Minden aus über die

die Burg, die weit ins Land hinausschaute

Bundesstraße 83 nach Hameln fährt, kann sie schwerlich übersehen. Die Burg ist das Wahrzeichen des Fürstentums Schaumburg – und das immerhin seit mehr als 800 Jahren. Schon im ersten Drittel des 12. Jahrhunderts ist sie der Stammsitz des Geschlechts. Von der mittelalterlichen Anlage der Burg sind noch drei der einst vier Türme, die den Wehrcharakter der ehemaligen Burganlage deutlich erkennen lassen, erhalten. Erst 1534 verlassen die Grafen die Burg, um ihre Residenz nach Stadthagen zu verlegen.

Als mit dem Grafen Otto V. im Jahre 1640 der letzte Angehörige des „Jüngeren Hauses" Holstein-Schaumburg stirbt (im Rahmen einer Erbteilung erhielt Graf Adolf VI. um 1294 das Schaumburger

Ahnherr Graf Adolf IV. herrschte 1225–39. Er ist der Sieger der Entscheidungsschlacht zwischen Dänen und dem Reich 1227 bei Børnhøved

Weit ins Land schauen und das Wesertal bei Kaffee und Kuchen inspizieren

Gebiet, während seine Brüder weiterhin – bis 1459 – in Holstein herrschten), kommt es 1647 zur erneuten Teilung der Grafschaft, die Burg wird wie der ganze südliche Landesteil nun hessisch.

Nach 1866 (dt. Einigungskrieg) gelangt sie in den Besitz Preußens. Zu Beginn des 20. Jahrhunderts schenkte Kaiser Wilhelm II. die Stammburg Fürst Georg von Schaumburg-Lippe zur Silberhochzeit. Seither ist sie bis heute wieder im Besitz der fürstlichen Familie. In unseren Tagen ist die Burg ein sehr beliebter und gut frequentierter Ausflugsort, der die Besucher vor allem durch die fantastische Aussicht anlockt. Den Ausflug runden diverse gastronomische Angebote im Umkreis der Burg ab. Zum Burggelände gehört auch das auf dem höher gelegenen Paschenberg befindliche Gebäude. Die Außenanlagen der beeindruckenden Burganlage sind für die Besucher jederzeit frei zugänglich.

Das Alte Rathaus – Zeuge des Geschmackswandels in der Weserrenaissance

Rinteln

Um 1235 gründet Graf Adolf IV. von Holstein-Schaumburg am Südufer der Weser planmäßig den Ort. Schon 1239 erhielt Rinteln das Stadtrecht nach Lippstädter Vorbild, wenig später erfolgte die Befestigung des Ortes mit einer Steinmauer. Die junge Stadt nahm besonders im 14. Jahrhundert einen bedeutenden Aufschwung. Aufgrund ihrer günstigen Verkehrslage an einer Weserbrücke und durch die Verleihung zusätzlicher Privilegien wie dem Wegezollrecht, der Gerichtsbarkeit in den umliegenden Dörfern und dem Messeprivileg erhöhte sich die Bedeutung für das Umland. Um 1500 hatte Rinteln etwa 2.000 Einwohner. In den Jahrzehnten vor dem Dreißigjährigen Krieg entstanden aufwändige Fachwerk- und Sandsteinbauten der Weserrenaissance. Die schönen Gebäude am Markt, insbesondere auch das Rathaus,

Die dreischiffige Hallenkirche St. Nicolai geht zurück bis in das 13. Jahrhundert

Mit Frack, Tuba und Zylinder – Rinteln swingt.

Gedenktafel an der Universität

zeugen heute noch von der großen Zeit, in der Rinteln besonders vom intensiven Warenverkehr auf der Weser profitierte.

Das 17. Jahrhundert brachte für Rinteln eine nachhaltige Förderung durch die Einrichtung einer Universität, bei der wahrscheinlich die Universität in Helmstedt als Vorbild diente.

Der Gründer der „Alma mater Ernestina", Fürst Ernst III., hatte in seiner Jugend in Helmstedt studiert und bereits 1610 ein Akademisches Gymnasium in Stadthagen gegründet. Nach der Erteilung des kaiserlichen Privilegs (Recht zur Promotion) verlegte er dieses Gymnasium nach Rinteln und erhob es 1621 zur Universität. Ihr Domizil wurde das ehemalige katholische Jakobskloster.

Infolge Teilung der alten Grafschaft Schaumburg in einen südlichen und nördlichen Landesteil kam Rinteln unter hessische Herrschaft, ab 1665 ließ Landgräfin Hedwig Sophie die Stadt zur Festung mit Garnison ausbauen. Bis 1813 war Rinteln Hauptort des „Distrikts Rinteln" im napoleonischen Königreich Westfalen. König Jérôme, jüngster Bruder Napoleons, hob 1809 die Universität auf, die 1817 wieder den Status eines Gymnasiums annimmt.

sehenswerte Kleinstadt

Heute lockt die Stadt Rinteln als reizvolle und sehenswerte Kleinstadt die Besucher an und ist gern angesteuertes Einkaufszentrum für Einwohner und Umgebung.

Lübeck

Die vom Sachsenherzog Lothar mit Holstein und Stormarn belehnten Schauenburger begründeten unter Graf Adolf II. im Jahr 1143 eine christliche Kaufmannssiedlung auf einem fast vollständig von den Flüssen Wakenitz und Trave umflossenen Hügel, der den Namen „Buku" trägt. Auf diesen Ort wurde die Bezeichnung „Lübeck" (Liubice – slaw., die Schöne, Liebliche) übertragen. Schon bald merkt der Lehnsherr des Grafen Adolf II., Kaiserenkel Herzog Heinrich der Löwe, dass seine Geschäfte im Norden unter der für den Nordosthandel gut gewählten Lage der neuen Siedlung leiden, etliche Kaufleute aus Bardowick und Lüneburg wandern nach Lübeck ab. Es kommt zu Auseinandersetzungen zwischen dem Herzog und seinem Gefolgsmann.

Ein Stadtbrand 1157 brachte die Entscheidung. Heinrich befahl nun die Abtretung, gründete an derselben Stelle die Stadt neu und verlieh ihr Stadtrecht nach Soester Vorbild, das bald als „Lübbsches Recht" in mehr als 100 Ostseestädten galt. 1160 verlegte der Löwe das Bistum von Oldenburg nach Lübeck. Im Bewusstsein, ein ideales Ausfalltor für den Ostseehandel zu besitzen, stattete der Herzog Lübeck mit zahlreichen Privilegien aus. Zu dieser Zeit stellten die Dänen eine große Bedrohung im Norden dar. 1201 fällt die Stadt Lübeck für 25 Jahre an die nördlichen Nachbarn. Unter Führung des Grafen Adolf IV. von Holstein-Schauenburg fand der Entscheidungskampf zwischen Lübeckern und Dänen in der Schlacht von Børnhøved 1227 statt. Die Macht der Dänen in Norddeutschland wurde in diesem Kampf endgültig gebrochen. Lübeck, die ursprüngliche Gründung der Schauenburger, erhob Kaiser Friedrich II. 1226 zur freien Reichsstadt, die Stadt stieg zum „Haupt der Hanse" auf. Mehr als drei Jahrhunderte dominierte „die Perle der Ostsee" nahezu ohne ernsthaften Wettbewerber den Handel nach Norden und Osten.

Das wohlhabende Lüneburg – hier die heutige IHK – und die nahe gelegene, blühende Handelsstadt Bardowick bekamen die aufkommende, ungeliebte Konkurrenz schmerzhaft zu spüren

Stadthagen

Mit Adolf XI. sterben die Schaumburger Grafen 1459 in Holstein aus. Im Vertrag von Ripen geht Holstein an das dänische Königshaus, den jüngeren „Schaumburgern" bleibt im Norden nur die Herrschaft Pinneberg. Ab 1534 regieren die Schaumburger in Stadthagen, das Adolf III. bereits 1224 gegründet hatte und das 1344 Stadtrecht erhielt. Stadthagen bleibt Residenz bis 1607, schon hier beschäftigen die Schaumburger Grafen bedeutende Künstler und Baumeister.

Am „Helwege vor dem Sandforde", einem bedeutenden Fernhandelsweg, entstand um 1300 eine Wasserburg, an die sich bald eine Siedlung anschließt.

Parkseite Schloss Stadthagen

Adolf XIII. ließ nach der Verlegung der Residenz von der Schaumburg nach Stadthagen im Jahre 1534–38 diese alte Stadthagener Wasserburg abreißen und errichtete ein repräsentatives Schloss als Wohnanlage, Residenz und Verwaltungssitz. Es entsteht eine der frühesten Renaissanceanlagen im Weserraum, welche sich unter dem Grafen Adolf XIV. (nach Rogoski), gemeinsam mit seinem Stiefbruder Ernst Nachfolger Graf Otto IV.(† 1576), 1593 mit dem Anbau des Nordflügels zur Vierflügelanlage und zum – Zitat – „ältesten und bedeutendsten Renaissanceschloss in Niedersachsen entwickelt"*.

*Wenn man Stadthagen als bedeutendstes Renaissanceschloss Niedersachsens bezeichnet, trifft dies nur zu, wenn man Celle zum Barockschloss erklärt. Ansonsten steht wohl dem Welfenschloss in Celle der erste Rang zu. Auch Münden kann mithalten.

Am Stadtschloss in Stadthagen baute einer der namhaftesten Meister der Weserrenaissance – der im Weserraum mehrfach (Neuhaus, Petershagen, Detmold, Schelenburg) prominent vertretene Jörg Unkair aus Tübingen. Auch er besuchte seine Steinbrüche am Bückeberg mehrfach persönlich, um das Material für seine Baustellen selbst auszuwählen. Unkair stattete die Zwerchhäuser in Stadthagen mit Halbkreisaufsätzen aus, die – für ihn typisch – mit Kugeln besetzt sind.

Ähnlichkeiten mit Neuhaus/Paderborn sind offenkundig, auch hier begann der Bau der Vierflügelanlage erst einmal mit zwei im rechten Winkel angelegten Flügeln und dem Treppenturm im Eck.

Am Torhaus in Stadthagen weist eine Inschrift unter dem Erker über dem Torbogen auf einen der hochgeborenen Hausherren hin.

Der für Renaissanceschlösser typische Treppenturm entsteht gemeinsam mit Unkairs Bau von Süd- und Westflügel

Steine zu Geld – der Obernkirchener Sandstein

Im Jahre 1566 erhielten die Obernkirchener Steinhauer die Sandsteinbrüche am Bückeberg vom Landesherrn Graf Otto IV. zur Pacht und organisierten sich bald darauf in Zünften. Der „Bremer Stein", so wurde er wegen seines Hauptumschlagplatzes genannt, erfreute sich gerade in der Renaissance in ganz Europa besonderer Beliebtheit und trug erfreulich zum fürstlichen Einkommen der Grafen von Holstein-Schaumburg bei. Die große Nachfrage aus Nord-, Ost- und Mitteleuropa hatte einen Grund – der feinkörnige, gelblich-graue Quarzsandstein ließ sich für die filigranen Ornamente der Renaissance-Fassaden besonders gut bearbeiten und ist zudem, da er keinerlei Kalkbestandteile aufweist, auch noch extrem verwitterungsbeständig. Damit war er gerade für die klimatischen Verhältnisse in Nord- und Nordwesteuropa bestens geeignet. Diese Vorzüge des gefragten Materials zahlten sich für den Landesherrn in klingender Münze aus und auch für die Bremer Kaufherren, die sich das begehrte Material per Lastkahn über die Weser in den Seehafen anliefern ließen, lohnte sich das Geschäft mit dem gefragten Material für feinste Bildhauerarbeiten.

Aufträge kamen aus Dänemark, Norwegen, aus dem Baltikum, aus Flandern und Holland. Die Städte Antwerpen, Leiden und Amsterdam wollten den Stein für ihre prächtigen Bauten, Nachfrage kam auch aus Polen. Von überall verlangte man nach diesem vielseitigen Material, das sich für den detailreichen Fassadenschmuck von Renaissancebauten besonders eignete. In einem Schreiben des Königs Sigismund III. an den Rat der Stadt Bremen von 1623 bat der polnische Herrscher um die Lieferung von 300 Ellen Quaderstein für die Fertigstellung königlicher Repräsentationsbauten. Gemeint war der „Bremer Stein", also der hellgelbe und feinkörnige Obernkirchener Sandstein vom Bückeberg. Da die Baumeister jener Zeit häufig aus der Steinmetzzunft stammten, wussten sie genau, was sich für ihre Zwecke am besten eignete. Oftmals kamen sie deshalb selbst in die Brüche oder schickten Beauftragte, um das Material zu begutachten und auszuwählen. Die Obernkirchener Steinbrüche auf der Kammlage des Bückeberges sind bis heute in Betrieb und beherrschen mit den Nachbarbrüchen die Landschaft. Ob Neubau oder Restaurierung – der Sandstein vom Bückeberg, dessen Karriere beim Bau des Mindener Doms im 11. Jahrhundert begann, ist mittlerweile auf der ganzen Welt zu finden – vom Katharinenpalast in Zarskoje Selo (Zarendorf) bei St. Petersburg bis zum Weißen Haus in Washington. Auch das bekannte Bremer Rathaus zeigt auf der Schauseite eine Renaissancefassade aus „Bremer Stein", der in Wirklichkeit vom Kamm des Bückeberges stammt.

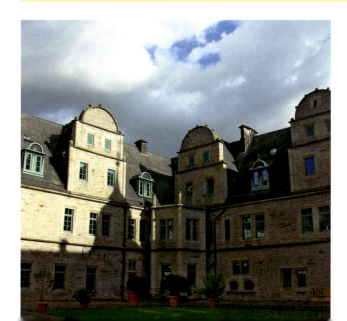

Sandstein vom Bückeberg – Cornelis Floris, berühmter Baumeister des Antwerpener Rathauses, wusste die Qualität des Materials sehr wohl zu schätzen

Rathaus in Bremen

Gegenüberliegende Seite 18:

links: Innenhof des Schlosses Stadthagen
rechts: Die Sandsteinbrüche am Bückeberg

links: Von Godts Gnaden Otto grave tho holstein schouwenborg und thom sternebarge here tho geme
rechts: Von Godts Gnaden geborn hertogin to stettin un pomern gravine to holstein schouwenborg un thom sternbg frowe tho geme

Die Grafschaft mit Burg Sternberg ging 1788 an die Edelherren und Grafen zur Lippe

Die Weserrenaissance

Figurengeschmückte Auslucht mit Dreiecksgiebel am Dempter Haus von 1608 in Hameln

Der Baustil der Renaissance hat im 16. bis 17. Jahrhundert im Weserraum eine besondere Ausprägung erfahren. Kaum irgendwo sonst in Mitteleuropa wurden in dieser Zeit so viele Renaissance-Bauten errichtet wie im Weserraum. Besonders an der mittleren und oberen Weser drängten sich die Bauten. Sie sind zum großen Teil erhalten und prägen noch heute die Landschaft.

Eine Voraussetzung für die rege Bautätigkeit zwischen 1520 und 1620 war die wirtschaftliche Blüte dieser Zeit. Westlich und östlich der Weser wurden vom Adel und den Landesherren viele Schlösser neu erbaut oder alte durchgreifend umgestaltet. Überall in Stadt und Land errichteten Bürger und Bauern prachtvolle Rathäuser, Wohnhäuser und Gehöfte als Steinbauten oder in Fachwerkbauweise.

Die Bautätigkeit im Weserraum ist zur Zeit der Weserrenaissance so intensiv, dass sie auch Bauhandwerker und bedeutende Baumeister aus anderen deutschen Landen anzieht. Mehr als zwanzig Baumeister der Renaissancearchitektur im Weserraum sind mit Namen und Herkunft durch ihre Meisterzeichen an den Bauten und durch Dokumente in den Archiven bekannt, so Jörg Unkair aus Lustnau bei Tübingen, Cord Tönnies aus Hameln, Johann Robyn aus Ypern in Flandern.

Die Bauweise der Weserrenaissance spiegelt die europäischen Kulturbeziehungen ihrer Zeit, die Impulse kommen über den Fluss vor allem aus Antwerpen (Hans Vredemann de Vries).

Die Weserrenaissance zeigt auffallende bauliche Gestaltungsmittel, die im Weserraum stärker als anderswo auftreten und das Bild der Weserrenaissance prägen. Dazu gehören die so genannten „welschen Giebel" (Halbkreisgiebel nach italienischem – „welschem" – Vorbild), Zwerchhäuser, Kerbschnitt-Bossensteine (Quader mit gleichförmigen, kerbenartigen Ornamenten), Roll- und Beschlagwerks-Ornamente, Streifenputz (Putz in rautenförmiger Schraffur), Fächerrosetten (Halbkreise mit Fächerornamenten) und die Utlucht (niederdeutsch für „Auslug", „Ausblick", vom Boden ausgehender Standerker). Auch das Zwillingsfenster findet häufig Verwendung.

Schon in Stadthagen erweisen sich die Schaumburger Grafen als fachkundige Kunstfreunde, so ließ Otto IV. vom flämischen Meister Arend Robin den heute im Bückeburger Schlosshof befindlichen Tugendbrunnen errichten. Robin führt auch die drei Prunkkamine im Inneren des Schlosses aus. Zum Schloss in Stadthagen gehörten auch Verwaltungs- und Wirtschaftsgebäude, von denen eines für den Amtmann vorgesehen war – die „Amtspforte" von 1553, heute das schönste Fachwerkgebäude der Stadt. Es beherbergt jetzt das Stadthagener Heimatmuseum und präsentiert als einen Schwerpunkt die wertvollen traditionellen Schaumburger Trachten. Da seine erste Gattin früh verstarb, heiratete Otto IV. 1558 in zweiter Ehe eine Tochter des welfischen Herzogs „Ernst der Bekenner" aus Celle. Durch diese Heirat mit der protestantischen Elisabeth Ursula von Braunschweig Lüneburg kam die Reformation in das Schaumburger Land.

Mit Jakob Kölling, einem Schüler Unkairs, und dem Steinmetzmeister Heinrich Schrader aus Stadthagen wollte Otto zur neuen Gattin auch ein neues Schloss erbauen. Trotz seiner zunehmend prekären finanziellen Lage entstand ab 1560 in dreijähriger Arbeit aus dem Festungsbau seines Bruders Johann IV. in Bückeburg ein prächtiges vierflügeliges Wohnschloss mit „welschen Gewein" nach Stadthagener Vorbild. Hier will er nun mit seiner neuen Gattin ab 1563 wohnen. Doch noch bleibt Stadthagen die Residenz. Als Graf Otto IV. 1576 stirbt, bekommt der flämische Meister Arend Robin erneut einen anspruchsvollen Auftrag. Er soll für die Witwe Elisabeth Ursula ein Grabmal entwerfen und ausführen, das den verstorbenen Gatten und seine früh dahin gegangene erste Frau Maria zeigt. Nach Elisabeth Ursulas Tod kommt sie als weitere Figur zum Grabmal hinzu, das jetzt drei Personen gewidmet ist. Es befindet sich gleich rechts hinter dem Eingang der spätmittelalterlichen Stadtkirche St. Martini in Stadthagen, die noch mit weiteren Ehren seitens der Schaumburger Landesherren bedacht wurde.

Es ist sein ab 1601 allein regierender Nachfolger, Sohn Ernst III. (1569–1622, ab 1576 Mitregent beim Stiefbruder Adolf XIV.), der weitere Glanzlichter in Stadthagen setzen wird und doch die Residenz nach Bückeburg verlegte. Aber Stadthagen sollte Grablege der Schaumburger Grafen bleiben, natürlich fällt diese ehrenvolle Aufgabe der Martinikirche zu. Was der spätere Fürst Ernst (ab August 1619) für Stadthagen

Der Tugendbrunnen, ursprünglich in Stadthagen aufgestellt, preist fides, caritas, spes, fortitudo, justitia, Glaube, Liebe, Hoffnung, Tapferkeit und Gerechtigkeit (J. Robin, 1552)

Amtspforte in Bückeburg, heute das schönste Fachwerkgebäude der Stadt

plant, geht weit über übliche repräsentative Grabausstattungen hinaus. Über den Maler Hans Rottenhammer aus Augsburg kommt es zur Bekanntschaft mit dem sächsischen Hofarchitekten Giovanni Maria Nosseni aus Lugano, der nicht nur in Dresden Spuren hinterließ. Er sollte für den Grafen Ernst ein Mausoleum in Stadthagen bauen.

Doch den 1608 erhaltenen Auftrag des Bauherrn führte Nosseni nicht aus, der italienische Architekt überwarf sich mit seinem Bauherrn und musste die Realisation seiner Pläne anderen überlassen.

Hofmaler Anton Boten, ein Schüler Rottenhammers, sollte den Bau leiten. Doch erst 1619 begannen endlich die Arbeiten. Es dauerte acht Jahre bis zur Fertigstellung – aber da weilte Fürst Ernst bereits seit fünf Jahren nicht mehr unter den Lebenden. Boten übernahm auch die Ausschmückung der Kuppel mit den musizierenden Engeln.

Über Nosseni und Rottenhammer, eventuell auch über den gut bekannten Ratgeber Kaiser Rudolfs II., den Wolfenbütteler Herzog Heinrich Julius (Reiterstatuette Adrian de Vries), kam Ernst in Kontakt zum

Lindhorster Braut, Bückeburger Braut
Trachtenpuppen aus der Amtspforte in Stadthagen

berühmten Adrian de Vries, Hofbildhauer Kaiser Rudolf II. in Prag, ein Schüler des Meisters Giovanni da Bologna (bildender Künstler ursprünglich französischer Herkunft, Jean de Boulogne, geboren in den Niederlanden). Adrian de Fries soll die fünf bronzenen Gestalten des Grabmals gestalten – den auferstandenen Christus und die vier Grabwächter. Von 1618–20 entsteht eines seiner großartigsten Werke, die Plastiken gelten als Kunstwerke von höchstem europäischen Rang. Adrian de Vries war schon in der Bückeburger Zeit (bronzene Taufe ab 1613) erste Wahl für den Grafen und Fürsten Ernst.

Stadthagen verfügt heute über eine bemerkens- und sehenswerte historische Innenstadt mit großem architektonischem Reichtum aus Mittelalter, Renaissance und Barockzeit. Das am Markt befindliche schöne Rathaus (Bildhauer Arend Robin an Auslucht und Erker) zeigt mit der Gestaltung seiner Giebel, wie das Schloss der Schaumburger Grafen mit seinen auffälligen Halbkreisaufsätzen als Vorbild diente, selbst die Unkair-typischen aufgesetzten Kugeln sind übernommen. Das Stadthagener Schloss kommt nach dem Ende des Kaiserreiches 1918 durch Enteignung in Staatsbesitz und beherbergt seitdem das Finanzamt.

Das Mausoleum des Fürsten Ernst III. in Stadthagen

Noch als Graf hatte Ernst dem kursächsischen Hofbaumeister italienischer Herkunft Giovanni Maria Nosseni am 9. März 1608 schriftlich den Auftrag zum Bau einer „klein Kappellen für vier Personen zur Begrabung" erteilt. Als ein Vorbild des siebeneckigen, aus Marmor errichteten Zentralbaues kann die Grabkapelle der Medici in Florenz gedient haben, andere Autoren führen die Grabeskirche in Jerusalem an. Die fünf bronzenen Figuren des Ernst-Grabmals gehen zurück auf den Renaissance-Bildhauer Adrian de Vries. Zum Grabmal gehören vier Wächterfiguren, die erwachend oder geblendet die Auferstehung Christi über ihnen erleben. Schon bei der Auftragserteilung an Nosseni schwebt dem Grafen die Verherrlichung Christi vor. Diese Auferstehungsszene ist das Thema der Vries'schen Figurengruppe, für den Fürsten ist nur eine kleine Relief-Plakette am Sockel vorgesehen. An den Wänden des Mausoleums befinden sich in Fenstergehäusen vier Epitaphien (Totengedenksteine), hier im

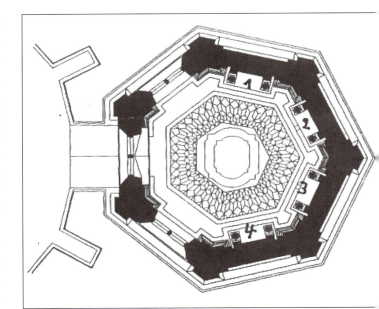

Auf dem Grundriss oben kann man erkennen, dass der Zugang in das Mausoleum nur über den Chor der Martini-Kirche erfolgt, ein weiterer Eingang ist nicht vorhanden

Abbildung gegenüber:
Zum Grabmal gehören vier Wächterfiguren, die erwachend oder geblendet die Auferstehung Christi über ihnen erleben

Grabmal
aus Marmor errichtet

Adrian de Vries gilt als einer der bedeutendsten europäischen Bronzebildhauer seiner Zeit, hier eine der von ihm für Stadthagen ausgeführten vier Wächterfiguren im Mausoleum

Rechts oben:
Halbkreisgiebel am Zwerchhaus des Stadthagener Alten Rathauses mit aufgesetzten Kugeln, getreu nach dem Vorbild des Schlosses

Riss mit 1–4 bezeichnet. Den Eingang flankieren zwei Gemälde des hauptsächlich als Maler tätigen Anton Boten. Auf dem Grundriss kann man erkennen, dass der Zugang in das Mausoleum nur über den Chor der Martini-Kirche erfolgt, ein weiterer Eingang ist nicht vorhanden. Von der Kirche aus erreicht man das Mausoleum über einen Durchgang hinter dem Altar. Die Autoren prophezeien den Skulpturen in Stadthagen in ihrem Bückeburger Schlossführer von 2007 Millionen von Besuchern, wenn sie denn nur in Florenz zu finden wären. [Dann aber müsste wohl auch in Florenz der Zugang deutlich anders als heute in Stadthagen geregelt werden]. Das routinierte Touristenzentrum in der Toskana würde sicher Mittel und Wege finden, auch aus diesem Schatz lohnenden Nutzen zu ziehen. Sei's drum – viele Besucher sind den großartigen Kunstwerken des Adrian de Vries allemal zu gönnen.

Fürst Ernst
Ölgemälde aus dem Goldenen Saal des Schlosses Bückeburg

Bückeburg wird Residenz

Bereits seit Anfang des 14. Jahrhunderts stand dort eine Wasserburg, die ihren Namen „buckeborch" von einer wüstliegenden Burg bei Obernkirchen erhielt. 1365 verliehen die Schaumburger Grafen Bückeburg das Fleckenprivileg, das erlaubte, vor der Burg Markt zu halten. Graf Ernst von Holstein-Schaumburg, Herr zu Sternberg und Gemen, verlegte 1607 (die Jahreszahlen schwanken je nach Quelle zwischen 1601–07) seinen Regierungssitz von Stadthagen nach Bückeburg. Die Stadt erhielt 1609 das Stadtrecht und erlebte nun eine städtebauliche Blütezeit. Unter dem Grafen Ernst entstehen das Triumphtor, das den Schlossbezirk von der Stadt abgrenzt. Der auf der Stadtseite anschließende Marktplatz – er gilt heute als einer der schönsten in Deutschland – erhält eine einheitliche Gestaltung. Das Triumphtor flankieren die Fürstliche Hofkammer und die Kammerkasse, die ebenfalls auf

„invidiam samt zwei Würmern"

Fürst Ernst zurückgehen. Das im manieristischen Stil ausgeführte Tor enthält eine in Stein gehauene Botschaft, die der mehrfach in Bückeburg tätige Hildesheimer Künstler Hans Wolff (Wulff), der jüngste der drei Gebrüder Wolff (Jonas, Ebbert und Hans), im Auftrag des Grafen Ernst ausführte. Er sollte die „invidiam samt zwei Würmern" liefern, also die Figuren des Neides und die zwei Drachen, die das Tor bewachen. Ostern 1607 sollten die Plastiken fertig sein, Wolff erhielt dafür 160 Taler. Unter der tuchartigen Kopfbedeckung der Neidfigur ragen Eselsohren hervor, Sinnbild der Unwissenheit. Die quer über den Körper vorgestreckte Hand ist im Begriff, einen runden Gegenstand zu werfen – den Erisapfel, Symbol der Zwietracht. Schon beim Urteil des Paris, Auslöser des trojanischen Krieges, spielte der Erisapfel eine Schlüsselrolle ...

Die Figur des Neides wird von den Torwächtern, den Drachen also, angegriffen. Die Botschaft an das Volk, denn das Tor soll pädagogisch wirken, lautete daher, dass der Landesherr Staat und Kultur bedrohende Untugenden bekämpfen wird. Die Inschrift unter dem Giebel weist noch einmal auf die Titel dieses Landesherren hin – er ist „Graf von Holstein-Schauenburg und Sternberg". Obelisken, Kugeln, Säulen auf Sockeln und Diamant- und Beschlagwerksquader am Torbogen

Fürst Ernst auf einem Stich von Lucas Kilian aus dem Jahre 1623

entsprechen dem Formenrepertoire der Spätrenaissance, wie er an vielen Bauten im Weserraum und in Nord- und Mitteldeutschland zu finden ist. Graf Ernst war vom „Bauwurmb", wie es später einmal die Schönborner Fürstbischöfe nennen werden, befallen. Er bekannte, es sei „ein süßes Armwerden". Doch die Gefahr bestand bei seinen Verhältnissen wohl kaum, schließlich konnte er dem Landgrafen von Hessen 100.000 und dem klammen Herzog Friedrich Ulrich von Braunschweig Wolfenbüttel gar 200.000 Taler leihen.

Sein Reichtum entstand aber nicht durch Auspressen seines Landes, sondern er war ein erfolgreicher Spekulant. Finanzgeschäfte an der Antwerpener Börse begründen seinen großen Reichtum und ermöglichten so seine kostspieligen Repräsentationsbauten. Er ließ das von seinem Vater errichtete Renaissanceschloss

Triumphtor am Markt

auf der Schlossinsel großzügig umbauen, es entstanden der „Goldene Saal" mit dem Glanzstück, der weithin berühmten Götterpforte, sowie die Ausstattungen der Schlosskapelle, prunkvolle Räume mit Dekorationen „von höchster künstlerischer Qualität" (M. Bischoff). Die prachtvolle Ausgestaltung von Götterpforte und Kapelle übernehmen die Brüder Ebbert und Jonas Wolff, die eine verschwenderische Fülle von Blattgold für die Holzdekorationen verwenden. Die Künstler setzen den ganzen Formenreichtum der Spätrenaissance für ihre kunstvolle Inszenierung ein.

Herrliches Renaissancegebäude am Markt, heute Geschäftshaus und Sitz der fürstlichen Hofkammer

Rechts:
Die bronzene Figurengruppe „Pluto raubt Proserpina" ist ein Meisterwerk von Adrian de Vries

Im Innenhof des Schlosses erkennt man den ursprünglichen Charakter des Renaissancebauwerkes

Das Renaissanceschloss des Grafen Otto IV. von der Parkseite

Blick in die Hofkapelle
zwei Engel stützen den Altar

Gern wird darüber spekuliert, ob es sich beim Vorbild für die Gesichtszüge des Merkur um den Fürsten Ernst handelt

Die Baugeschichte der „buckeborch"

Die älteste Erwähnung der Burg datiert von 1304. Sie bestand nur aus einem Turm und einigen Nebengebäuden wie Ställen und Scheunen und lag – wie die Schaumburg – am Helweg, einem Fernhandelsweg vom Rhein in das Baltikum, der dann über Stadthagen weiter östlich verlief. Otto I. fügt 1396 die Schlosskapelle hinzu, die bis heute existiert. Sie wurde im Zuge der weiteren Baumaßnahmen in das Innere des Westflügels verlegt. Johann IV. (1498–1527) wandelte sie in eine befestigte Wasserburg um, die nun auch Kanonenbeschuss gewachsen war. Zum Betreten musste man eine der zwei Zugbrücken überqueren. Diesen „Johannbau" bauen Bruder Otto IV. und dessen Sohn Fürst Ernst III. im 16./17. Jahrhundert zu einer großartigen vierflügeligen Schlossanlage im Stil der Weserrenaissance um. Graf Otto IV. legt um die Residenz einen Garten an, den Sohn Fürst Ernst erweitert.

Der große Schlossbrand von 1732 zerstörte zwei Flügel des Schlosses samt ihren Inneneinrichtungen, die eigens erhobene „Brandsteuer" gestattete Graf Albrecht Wolfgang statt eines großzügig geplanten Repräsentationsbaues aber nur den Wiederaufbau von Ost- und Südflügel, jetzt im Barock-Stil. Der militärisch ausgerichtete Graf Wilhelm umgab das Schloss im 18. Jahrhundert nun wieder mit Festungswällen. Der Landschaftsgarten im heutigen Aussehen konnte erst entstehen, nachdem Nachfolger Philipp Ernst die Wälle schleifen ließ. Dessen Gemahlin Juliane verwandelte die freien Flächen in einen dem Zeitgeschmack entsprechenden englischen Landschaftsgarten.
Im späten 19. Jahrhundert kam der bereits in der Planung von 1732 vorgesehene Ausbau des „Neuen Flügels" rechts neben dem Haupteingang zur Ausführung, dieser „Neue Flügel" entstand im historisierenden Stil von Neo-Barock und Neo-Rokoko. Der nun in der Mitte des Gebäudes befindliche Turm wurde aufgestockt. Mit den flankierenden Neubauten auf dem Schloss-Vorplatz fanden die Bau- und Umbauarbeiten am Residenzschloss ihren Abschluss.

Schon in Bückeburg erhielt Adrian de Vries bekanntlich Aufträge des Grafen. Werke des großen Meisters sind in der Stadtkirche und auf der Schlossbrücke zu bewundern. Seine bronzenen Figurengruppen „Adonis und Aphrodite" sowie „Pluto raubt Proserpina" (Originale im Berliner Bodemuseum) sind Meisterwerke des bedeutenden Künstlers. Doch der Umbau des Ortes zur prächtigen Residenzstadt hat gerade erst richtig begonnen. Als Oberhaupt der Landeskirche wendete sich Ernst nun seinem nächsten großen Werk zu – der Stadtkirche, neben der Marienkirche „Beatae Mariae Virginis" BMV in Wolfenbüttel der bedeutendste protestantische Kirchenbau der Renaissance in Deutschland. Zur repräsentativen Hofhaltung gehört auch eine Hofkapelle, die großes Ansehen genoss und die später einmal der jüngste Sohn Johann Sebastian Bachs, Johann Christoph Friedrich Bach als Hofkapellmeister leiten wird. 1640 starb mit Otto V. der letzte Graf zu Holstein-Schauenburg. Die männliche Linie auch des „jüngeren Hauses" Holstein-Schaumburg war erloschen. Doch die Geschichte der Residenzstadt Bückeburg damit keineswegs beendet.

Die Bückeburger Stadtkirche

Als Oberhaupt der schaumburgischen Landeskirche legte Graf Ernst Wert auf einen angemessenen Kirchenbau in seiner Residenzstadt. Ein großer Stadtbrand schon vor Jahrzehnten hatte zudem dafür gesorgt, dass die Bückeburger Protestanten über kein Gotteshaus mehr verfügten, so gab es zwei gewichtige Gründe für einen Neubau. Der sächsische Hofarchitekt Nosseni erhielt den Planungsauftrag und lieferte ein Modell. Doch die Ausführung stammt auch hier nicht von ihm. In den Jahren 1611–15 entstand in städtebaulich geschickter Inszenierung eine dreischiffige Hallenkirche nach gotischem Vorbild, deren Kreuzrippengewölbe von 14 Renaissancepfeilern mit korinthischen Kapitellen in zwei Reihen mit jeweils sieben Säulen getragen werden. Wer der Baumeister dieses „würdigsten Schmucks der Residenz" (W. Siebert) war, bleibt im Dunkeln. Der ursprüngliche Entwurf sah einen Westturm vor, doch die mangelnde Tragfähigkeit des Bodens führte zu einer Planänderung. Es entstand eine schwungvolle und formenreiche Giebelfassade aus Obernkirchener Sandstein, die überwiegend dem

Der Altar der Nicolaikirche in Rinteln liefert in seinem Aufbau ein gutes Beispiel einer mit der Bückeburger Stadtkirche vergleichbaren Höhenstaffelung

Hildesheimer Hans Wolff zugeschrieben wird (Habich, Siebert, Bischoff). Die Anregung für die dreiteilig gegliederte Wand geht wahrscheinlich auf übliche Schemata der zeitgenössischen Gestaltung von Epitaphien und Altären zurück, der Altar der Nicolaikirche zu Rinteln liefert ein gutes Beispiel einer vergleichbaren Höhenstaffelung.

Der verwendete Bauschmuck orientiert sich erkennbar an Vorlagen des Straßburger Malers und Stechers Wendel Dietterlin (1551–99), ein Kunsthistoriker definiert die Bückeburger Stadtkirche gar als „unbedeutende gotische Hallenkirche, deren turmlose Westseite

Bückeburger Stadtkirche

Oben: Giebel über dem Hauptportal mit Genien, Putten und dem Wappen des Fürsten Ernst

Rechts: „Ein auserlesenes Meisterwerk" – die Bronzetaufe des Adrian de Vries von 1615 in der Stadtkirche

Es handelt sich bei der durchaus bemerkenswerten Stadtkirche um ein Werk des Manierismus (Übergangsphase zwischen Renaissance und Barock von etwa 1580–1615), also der Spätrenaissance mit frühbarocken Elementen, vergleichbar mit der Wolfenbütteler Marienkirche, die im Baukörper aber wesentlich differenzierter gegliedert ist und beim verwendeten Bauschmuck deutlich diffizilere, originäre Formen zeigt. Aber – es geht hier um die Bilderbuch-Residenz des nachmaligen Fürsten Ernst. Und da ist die Stadt-

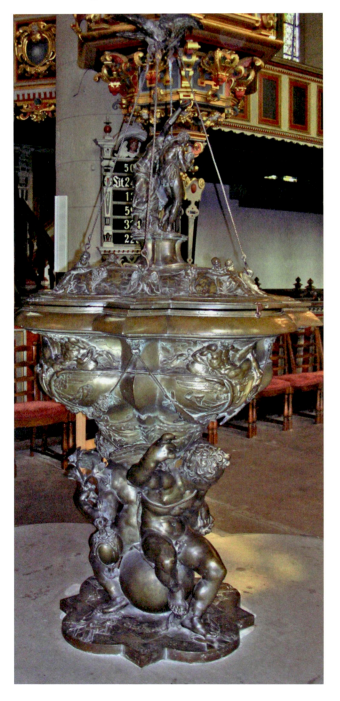

mit Versatzstücken Dietterlinscher Richtung überpflastert wurde" (K. Seeleke). Auch von „Perückenstil" (Barock) oder gar „Bückeburger Stil" (Soenke) ist die Rede. An dieser Kirche scheiden sich also die Geister, mancher definiert sie auch als „barock". Aber eine Barockkirche ist es nicht, denn das Zeitalter des Barock ist in Deutschland mit wenigen Ausnahmen in den frühesten Beispielen erst ab Beginn des Dreißigjährigen Krieges zu finden; in Gegenden, die nicht vom Krieg betroffen waren, erst nach dem Westfälischen Frieden (Kiesow). Noch eine Anmerkung: Aus einem einzigen Fassaden-Beispiel nun sprachlich gleich einen „Bückeburger Stil" zu kreieren, scheint denn doch etwas gewagt.

kirche mit ihrer auch innen reichhaltigen Ausschmückung ein gutes Beispiel für das „städtische Gewand", das der Landesherr seiner neuen Metropole nicht zuletzt durch die äußerst geschickt ausgewählte, exponierte Lage des Kirchenbaues anlegte.

Bleiben wir bei der eigenwilligen Fassade der Bückeburger Hauptkirche, die sich in der Vertikalen vom schlichten Sockel, über Pilaster und Prunkgiebel bis hin zur Galerie nach oben steigert. Kartuschen, Obelisken, Statuen, Muscheln, Beschlagwerkselemente, Voluten, Engelsköpfe – der reichhaltige Formenschatz des Manierismus wird in vielen Variationen zitiert. Die Fenster aber orientieren sich noch an gotischem Maßwerk. Der frühbarocke Giebelaufbau mit den zwei Genien und dem Wappen des Fürsten über dem Hauptportal wurde wahrscheinlich nachträglich eingefügt, doch das Gesamtbild wirkt harmonisch. Ein Dreiecksgiebel mit Kreuz über der Glocke schließt die Fassade nach oben hin ab. Mit Schreiben vom 10. Mai 1613 bestellte Graf Ernst zum Preis von 1.000 Reichstalern beim Prager Hofbildhauer die bronzene Taufe für die Bückeburger Stadtkirche, ein „auserlesenes Meisterwerk" des Adrian de Vries. Auch die Modalitäten von Zahlung und Lieferung wurden im Brief geregelt, über die Elbe sollte das fertige Taufbecken gen Magdeburg verschifft werden, wo dann die zweite Hälfte des Honorares fällig wurde. Bei abgehobenem Deckel findet man auf dem Rand des Beckens die Inschrift „Adrianus Vries fe (fecit) Anno D 1615" – „gemacht von Adrian de Vries im Jahre 1615". Zwei Jahre also von der Auftragsvergabe bis zur Fertigstellung hat der Meister gebraucht, wobei er aber sicherlich keineswegs ausschließlich an der Bückeburger Taufe gearbeitet hat. Das Kunstwerk weist ein ganzes biblisches Figurenprogramm auf, das zu erläutern gern dem Kirchenvorstand der Gemeinde in seiner kleinen Schrift über die Stadtkirche überlassen bleibt. Wie gesteht Jan Brinkmann im Werbeprospekt der Schaumburger Landschaft über das Schaumburger Land: „Ganz klein und still stehen wir vor den Bronzeplastiken des großen Adrian de Vries". Gemeint ist dort das Grabmal des Fürsten Ernst in Stadthagen, doch das Gesagte gilt in gleichem Maße auch für die Bückeburger Taufe und die Figurengruppen auf der Schlossbrücke.

Zu den Ausstattungen der Kirche gehört eine höchst kunstfertig ausgeführte hölzerne Kanzel, die getreu dem evangelischen Ritus an zentraler Stelle in

Adrian de Vries

* um 1545 oder um 1560 in Den Haag;
† vor 15. Dezember 1626 in Prag

Der Niederländer Adrian de Vries ist einer der bedeutendsten Bronzeplastiker des 17. Jahrhunderts. Seine Ausbildung erhielt er in Italien bei Giovanni da Bologna, er war in Augsburg und in Prag als Hofbildhauer Kaiser Rudolfs II. und danach für König Christian IV. von Dänemark tätig. Einige seiner bedeutendsten Werke schuf er für den Grafen und nachmaligen Fürsten Ernst von Schaumburg-Lippe: ein reich geschmücktes Taufbecken in der Stadtkirche zu Bückeburg, das große Grabmal im Mausoleum Stadthagen.
Auch die großartigen Figurengruppen auf der Schlossbrücke „Pluto raubt Proserpina" und „Adonis und Aphrodite" stammen aus seiner Werkstatt. Sie erzählen Geschichten aus der griechischen Mythologie.

Merkur und Psyche von Adrian de Vries

der Mitte des Kirchenschiffes angeordnet ist: „Gottes Wort ist Luthers Lehr', drum vergeht sie nimmermehr" – so die Inschrift auf Luthers Geburtshaus in Eisleben. In der evangelischen Messe steht die Predigt im Mittelpunkt, auf das Wort Gottes, geoffenbart im Alten und Neuen Testament, kommt es an. Daher auch die besonders hervorgehobene Position der mit vergoldetem Schnitzwerk reich verzierten Kanzel.

Ein mächtiger Orgelprospekt – „das große Werk zu Bückeburg", so Hofkomponist Michael Prätorius aus Wolfenbüttel – ziert das Kirchenschiff im Osten, ursprünglich befand sich hinter der Schauseite eine Orgel des Wolfenbütteler Orgelbauers Esaias Compenius, erbaut 1612–15. Sie gehörte zu den bedeutendsten deutschen Orgelwerken ihrer Zeit, fiel aber beim großen Brand von 1962 mitsamt dem prachtvollen Orgelprospekt der Gebrüder Wolff dem Feuer zum Opfer. Der Prospekt konnte nach Fotografien vollständig rekonstruiert werden, für die Kirchenmusik sorgt seit 1997 eine neue Orgel mit 47 Registern aus dem Göttinger Raum.

Von 1750–95 musizierte in dieser Kirche Johann Christoph Friedrich Bach, jüngster Sohn des großen Johann Sebastian Bach, der „Bückeburger Bach". Ende des 18. Jahrhunderts predigt hier in der Kirche der berühmte Johann Gottfried Herder, bevor es ihn zu seinem Freund Geheimrath Goethe nach Weimar zog. Doch Bach und Herder gebührt ein Kapitel für sich. An der Westseite der Kirche innen über dem Eingang befindet sich die Fürstenloge. Dort, rechts und links neben dem Eingang, präsentieren sich die gemalten Porträts des Fürsten Ernst und seiner Gattin Hedwig, einer geborenen Landgräfin zu Hessen-Kassel.

1619 – der Fürstentitel

Als sich Kaiser Ferdinand II. am 28. August 1619 in Frankfurt zur Kaiserwahl stellt, sieht Graf Ernst eine günstige Gelegenheit, alte Ansprüche erneut anzumelden. Schon sein Vater Otto IV. führte seine Abstammung auf fürstliches Geschlecht zurück und bezog sich auch in seinem Testament von 1570 auf solche Herkunft. Es bedurfte aber der ganzen diplomatischen Geschicklichkeit des Hofrates Melchior Goldast, diesen gräflichen Anspruch auf den Fürstentitel auf dem Frankfurter Wahltag gebührend darzustellen und schließlich durchzusetzen. Tatsächlich akzeptierte der neue Kaiser die Wünsche des Bückeburger Grafen und stimmte seiner Erhöhung zu. Allerdings meldete er noch im Monat der Ernennung finanzielle Wünsche an – er erbat ein Darlehen von 100.000 Gulden vom nunmehrigen Fürsten Ernst. Dieser verwahrte sich gegen die Verquickung von Rangerhöhung und Kreditwunsch. Doch er zeigte Entgegenkommen und war bereit, 30.000 Gulden freiwillig zu geben. In voller Höhe gezahlt hat er die angebotene Summe aber nicht, nur rund 18.000 Gulden erreichten den Wiener Hof. Vielleicht war das mit ein Grund, warum der Fürstentitel vorerst noch nicht als erblich und ausschließlich für seine Person vergeben wurde.

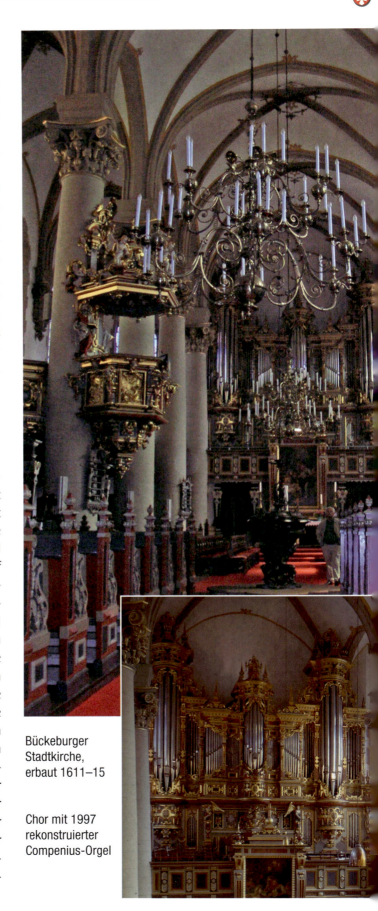

Bückeburger Stadtkirche, erbaut 1611–15

Chor mit 1997 rekonstruierter Compenius-Orgel

Wolfenbütteler BMV, Grundstein 1608: Vergleichbar – und doch nicht ähnlich

„Dreier Herzöge gewesener Baudirector", Baumeister Paul Francke, Wolfenbüttel (1538–1615)

Schanzen, Bastionen und Wälle nach dem Vaubanschen System – Bückeburg als Renaissance-Festung zeigt sich angriffslustigen Gegnern im 17. Jahrhundert von der unnahbaren Seite

Der Schlosspark

Eine besondere Zierde der Innenstadt bildet der Schlosspark, der schon unter Graf Otto IV. um 1560 erstmalig entsteht. Im 18. Jahrhundert erfolgte die Umgestaltung im französischen Stil. Jetzt fand man hier einen Irrgarten, Springbrunnen, eine Eibenpyramide und ornamental von niedrigen Hecken umrahmte Beete. Im frühen 19. Jahrhundert kam der nun als ideal betrachtete englische Landschaftspark dem Zeitgeschmack entsprechend zum Zuge. Übrigens – der einzige deutsche „genuine" originale englische Landschaftspark befindet sich in Braunschweig beim Schlösschen Richmond. Die mit dem Erbprinzen Karl Wilhelm Ferdinand verheiratete englische Prinzessin Augusta ließ ihn von dem berühmten englischen Gartenarchitekten Lancelot Brown entwerfen.

Heute begeistert die zu Beginn des 20. Jahrhunderts nochmals erweiterte Parkanlage, in der noch immer Elemente der verschiedenen Stilepochen zu finden sind, durch den prächtigen alten Baumbestand und den Rosen- und Staudengarten. Ein kleiner Teich und eine Sonnenuhr bereichern das 70 ha große Parkgelände, eine kleine Schwefelquelle im Süden gehört ebenfalls dazu. Ein besonders im Sommer beliebter Treffpunkt ist das hübsche Parkcafé mit Biergarten am Schlossgraben, Erinnerung an die Festungszeit. Eine kurze baumbestandene Freifläche, die „Lindenallee", dient als westöstliche Sichtachse mit Blick auf den Renaissancebau und den barocken Turm des Residenzschlosses. Jedes Jahr zu Fronleichnam steht eine weit-

Adonis und Aphrodite – eines der beiden Skulpturenpaare auf der Schlossbrücke von Adrian de Vries – und eine der vielen Schokoladenseiten von Schloss Bückeburg

Die Lindenallee
eine reizvolle Sichtachse

Die *prächtige* Schlossanlage des Fürstenhauses Schaumburg-Lippe mit Schlossgraben aus der Luft

bekannte Veranstaltung im Mittelpunkt des Interesses: Die „Landpartie". Sie lockt alljährlich Tausende von anspruchsvollen Besuchern aus ganz Deutschland nach Bückeburg zum Schloss und in den Schlosspark, die als malerische Kulissen den stilvollen Rahmen für das Fest liefern. Weiße Pagodenzelte zieren den Schlosspark, im Schloss kann man hochwertige Angebote für Haus und Garten sowie aus Mode und Kunst besichtigen, bewundern und auch kaufen. Ein Schwerpunkt der „Landpartie" bilden kulinarische Spezialitäten und erlesene Weine – auch Gourmets kommen in Bückeburg auf ihre Kosten. Zur Landpartie, die alljährlich ein neues Thema aufgreift, gehört ein auf das Thema abgestimmtes umfangreiches Rahmenprogramm.

Das Mausoleum

Der letzte regierende Fürst Adolf (1883–1936) hat das Parkgelände mit einem weiteren baulichen Höhepunkt versehen – seinem 1911–15 errichteten mächtigen Mausoleum nach Plänen des Berliner Professors Paul Baumgarten. In diesem monumentalen Gebäude befindet sich heute die Grablege des Fürstenhauses Schaumburg-Lippe. Im Mittelpunkt des Publikumsinteresses steht die mit 500 qm größte Goldmosaikkuppel Europas. Die Mosaiken auf der Innenseite der Kuppel in 25 m Höhe bieten mit ihren 1.400 Farbtönen einen einzigartigen Anblick und sind die Attraktion für die Besucher. Man erreicht das

Blick aus der mit 500 qm größten Goldmosaikkuppel Europas auf den Altar in der Mitte
Kleines Foto: Vor dem Altar befindet sich eine versenkbare Platte zum Absenken der Särge

Stadthagen war Grablege der Grafen von Holstein-Schaumburg, die Fürsten von Schaumburg-Lippe finden seit Fürst Adolf ihre letzte Ruhe in ihrer Residenzstadt Bückeburg

westlich vom Schloss gelegene Bauwerk einfach zu Fuß durch den Park über baumbestandene Wege, vorbei an einer großen Grünfläche. In gut 10 Minuten ist man am Ziel. Wer den gesamten Park erkunden will, kann einen Rundwanderweg nutzen. Dafür sollte man aber schon etwas mehr Zeit mitbringen.

Die Teilung

Als die Braunschweiger Herzöge nach dem Tod von Graf Otto V. im Jahre 1640 ihre Lehen um Lauenau einziehen, markiert das den vorletzten großen territorialen Einschnitt. 1647 kommt es zur Zäsur und endgültigen Aufteilung des verbliebenen Landes: Sieben Jahre nach dem Tod des letzten Grafen Otto V. aus dem Geschlecht Holstein-Schaumburg wird die Grafschaft 1647/48 zwischen Hessen und Lippe im „Exekutionsrezess" endgültig aufgeteilt. Das verbliebene holsteinische Pinneberg und der Hamburger Hof werden verkauft. Der lippische Anspruch auf die Grafschaft begründet sich aus der Verbindung der Schwester Elisabeth des Fürsten Ernst mit dem Grafen Simon VI. zur Lippe. Ihr jüngster Sohn Philipp erhält den an Lippe gefallenen nördlichen Teil Schaumburgs, aus Holstein-Schaumburg wird jetzt Schaumburg-Lippe. Philipp begründet als erster Graf die Dynastie dieser neuen, ab nun in Bückeburg residierenden Linie.

Graf Wilhelm (Friedrich Ernst), 1724–1777

Graf Wilhelm folgt 1748 seinem Vater Albrecht Wolfgang als Regent des kleinen Territoriums. Wilhelm war der zweite Sohn des Grafen Albrecht Wolfgang und der Margarete Gertrud, Gräfin von Oeynhausen. Er wurde in London geboren, erhielt seine Schulausbildung in Genf, studierte dann in Leiden und Montpellier und trat danach in England als Fähnrich in die königliche Leibgarde ein. Nach dem Duelltod seines älteren Bruders, des Erbgrafen Georg (1722–1742), kehrte er als nunmehriger Erbe nach Bückeburg zurück. Er begleitete seinen Vater, der damals General in holländischen Diensten war, bei dem Feldzug gegen Frankreich, wo er sich in der Schlacht bei Dettingen (nahe Aschaffenburg, „Dettinger Te Deum" von G. F. Händel) am 27. Juni 1743 auszeichnete, und machte dann als Freiwilliger im kaiserlichen Heer den Feldzug von 1745 (österreichische Erbfolgekriege als Folge des Regierungsantrittes Maria Theresias) in Italien mit. Für die weitere Entwicklung Wilhelms waren die Konflikte mit den Landgrafen von Hessen-Kassel bedeutsam, die eine Gelegenheit suchten, auch den nördlichen Teil der Grafschaft Schaumburg zu vereinnahmen. Die spätere Militärpolitik diente vor allem dazu, eine schnelle Annektion des Landes zu verhindern.

Um militärische Erfahrungen zu sammeln, begab sich Graf Wilhelm zuerst nach Berlin zu Friedrich dem Großen, wo er zum engeren Kreis um Voltaire gehörte (Wilhelm sprach französisch, englisch, lateinisch, italienisch und portugiesisch). Später reiste er dann wieder nach Italien und Ungarn. Beim Ausbruch des Siebenjährigen Krieges stellte er ein eigenes Kontingent zur alliierten Armee, wurde kurhannoverscher Generalfeldzeugmeister (Generalmajor) und kämpfte mehrfach mit Auszeichnung. So wehrte die von ihm geführte Artillerie in der Schlacht bei Minden 1759 (Tonhausen) unter dem Oberbefehl des Herzogs Ferdinand von Braunschweig den Angriff des rechten Flügels der französischen Armee ab. 1759 erhielt er den Oberbefehl über die gesamte Artillerie der verbündeten Heere Preußens und Englands im Siebenjährigen Krieg (1756–63).

Auf einer künstlichen Insel mitten im Steinhuder Meer ließ der Graf seine sternförmige Seefestung mit vier Bastionen und einer Zitadelle mit Militärschule und gräflichen Appartements erbauen. An dieser Lehranstalt „Wilhelmstein" unterzog sich der später in den Befreiungskriegen gegen Napoleon in preußischen Diensten befindliche berühmte Heeresreformer Gerhard von Scharnhorst von 1772–76 ersten militärischen Studien. Graf Wilhelm war selbst ein bekannter Militärstratege und Schriftsteller („Memoires pour Servir à l'art militaire defensif"), der als soldatischer und herrischer Charakter galt.

Um seine Grafschaft erwarb Wilhelm sich große Verdienste – durch Förderung der Gewerbe und des Ackerbaues, durch Gründungen von Webereien, Spinnereien, Ziegeleien sowie der Schokoladenfabrik in Steinhude, dem Eisenhammer und der Papiermühle an der Ahrensburg und der Gießerei in Bückeburg. Graf Wilhelm führte eine Militärreform durch. Er schaffte die entwürdigende Prügelstrafe ab und führte mit der

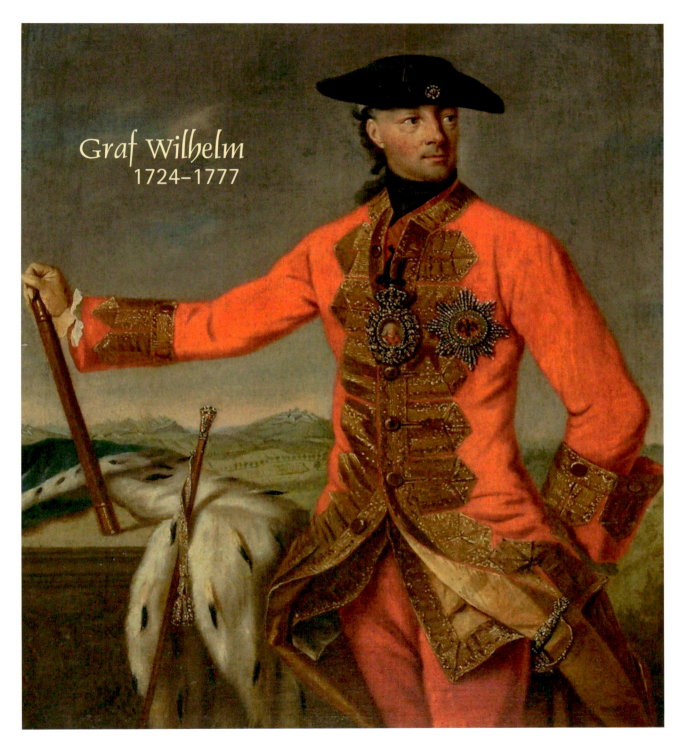

Graf Wilhelm, Gemälde des hannoverschen Hofmalers Georg Ziesenis, 1716–76

Landmiliz (wie Scharnhorst in Preußen) eine Art Wehrpflicht ein. Seine Kriegsschule für Artillerie und Geniewesen, die großen Ruf erlangte, wurde im Laufe der Zeit von der technischen Entwicklung überholt und diente zuletzt nur noch als Gefängnis.

Wilhelm unterhielt ein für ein so kleines Land unverhältnismäßig großes stehendes Heer von 2.000 Soldaten. Auch der kostspielige Festungsbau im Steinhuder Meer belastete die Untertanen. Johann Gottfried Herder, von 1771–1776 bei Wilhelm als Konsisto-

Das Observatorium auf der Zitadelle bietet den besten Ausblick über das Binnenmeer und die Landschaft

Die Inselfestung Wilhelmstein, erbaut von 1761–67

rialrat und Hofprediger angestellt, schrieb 1772 über die Zustände in der Grafschaft an seine Verlobte Karoline Flachsland:

„Möchte uns der liebe Gott nicht so überflüssig viel und gutes Brot wachsen lassen, so konnten wir von Soldaten und befestigten Inseln leben."

Doch bei der von Hessen-Kassel unmittelbar nach dem Tod des Grafen Philipp Ernst 1787 versuchten Annektion des Landes konnte der Wilhelmstein wie geplant als uneinnehmbare Bastion im Lande von schaumburg-lippischen Truppen gegen die hessischen Soldaten gehalten werden. Damit wurde die notwendige Zeit für einen Rechtsstreit gewonnen, bei dem Hannover und Preußen sich erfolgreich für die weitere Selbstständigkeit der Grafschaft einsetzten. Die Hessen zogen wieder ab.

Held der Befreiungskriege
– Gerhard von Scharnhorst –
General und preußischer Heeresreformer

Gerhard Johann David Scharnhorst wurde am 12. November 1755 in Bordenau (bei Neustadt am Rübenberge, Hannover) als Sohn eines Wachtmeisters geboren. Mit 17 Jahren trat er in die Kriegsschule des Grafen Wilhelm von Schaumburg-Lippe auf dem Wilhelmstein im Steinhuder Meer ein. Als hannoverscher Artillerie-Offizier zeichnete er sich 1793/94 bei den Kämpfen gegen die französischen Revolutionsheere in Belgien aus. 1801 wechselte er als Oberstleutnant in die preußische Armee, wo er zunächst die neu gegründete Kriegsschule in Berlin leitete, bis er 1803 in den Generalstab berufen wurde. Zwar wurde er geadelt, trotzdem schaffte er das Adelsprivileg in der preußischen Armee ab.

Am Feldzug gegen das französische Besatzungsheer von 1806 beteiligte sich Scharnhorst als Generalstabschef des Herzogs Karl Wilhelm Ferdinand von Braunschweig. Gemeinsam mit dem Blücherschen Korps geriet er bei Lübeck in französische Kriegsgefangenschaft. Nachdem man ihn ausgetauscht hatte, wirkte er als Generalquartiermeister an der Schlacht bei Preußisch-Eylau (7./8. Februar 1807) mit. Nach dem Frieden von Tilsit (9.7.1807) wurde er noch im Juli 1807 zum Chef des Kriegsdepartements (heute Verteidigungsministerium), zum Chef des Generalstabes und zum Vorsitzenden der Militär-Reorganisationskommission ernannt. Gemeinsam mit Gneisenau u.a. arbeitete er eine der umfassendsten Heeresreformen der deutschen Geschichte aus, die den bis dahin vom ostelbischen Landadel dominierten, friderizianischen Militärstaat Preußen von Grund auf erneuerte. Seine Reformen wirkten bis weit in das 19. Jahrhundert hinein und können als eine wichtige Voraussetzung für die späteren Siege Preußens im Deutsch-Dänischen (1864), Deutsch-Deutschen (1866) und Deutsch-Französischen Krieg von 1870/1871 gesehen werden.

1813 führte er den Aufstand gegen Napoleon, er organisierte die Aufstellung der Freiwilligen Jäger und der Landwehr und entwarf als Generalstabschef des preußischen Oberbefehlshabers Fürst von Blücher den Feldzugsplan. Bereits in der ersten Schlacht bei Groß-Görschen wurde er schwer verletzt. Noch nicht wieder genesen, reiste er zu Verhandlungen nach Prag und starb im Laufe der Gespräche am 26. Juni 1813 an den Folgen seiner Verwundung.

Scharnhorst und Gneisenau, Strategen der Befreiungskriege

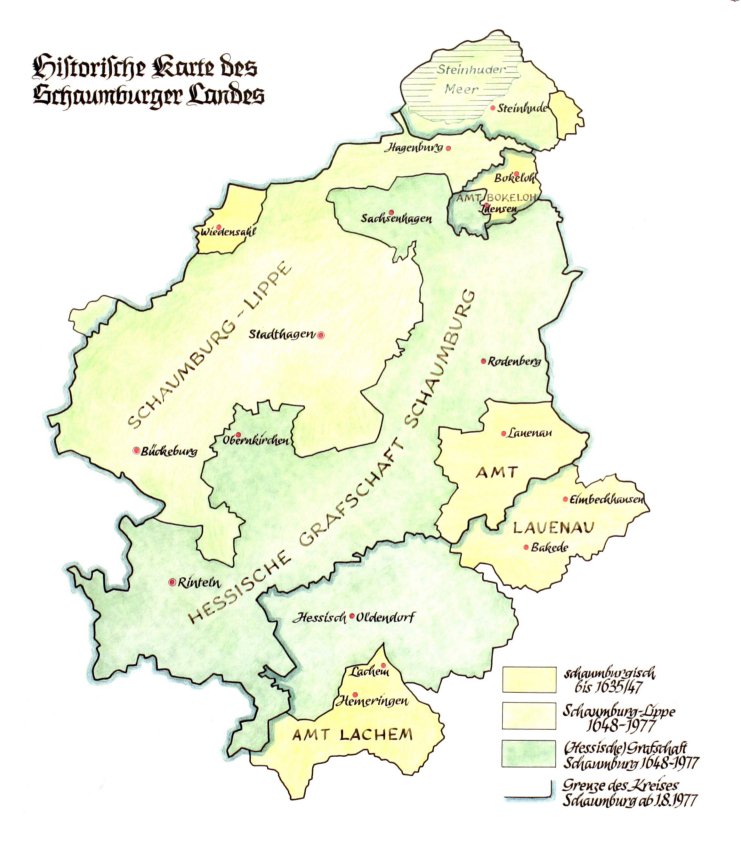

Der „Steinhuder Hecht"

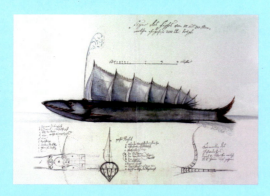

Noch zu Zeiten des Grafen Wilhelm reifte auf der Festung Wilhelmstein die Idee einer neuen gefährlichen Waffe heran – das Unterseeboot. Der Erfinder ist Jakob Chr. Prätorius, ein seit 1759 in gräflichen Diensten tätiger Militär-Ingenieur und Dozent. 1771 trägt er seine Pläne dem Grafen vor, 1772 erfolgt die erste „streng geheime" Tauchfahrt. Sie soll 12 Minuten gedauert haben, 8 Mann Besatzung waren an Bord.

Das Risiko dieser Tauchfahrt war nicht allzu groß, das Steinhuder Meer ist im Bereich der Festung nur max. 1,50 m tief. Bei der „Premiere" ist der Graf zugegen und noch 1777 taucht der „Hecht" in seiner Aufzeichnung des Inventars seiner Flottille auf. Das geheime Projekt wird nun sogar zum Gegenstand von Vorlesungen an der Akademie. Letztmalige Kunde vom „Hecht" gibt ein Rapport aus dem Jahre 1792, der ihn „als zur Steinhuder Flottille gehörig" ausweist. Wilhelms Nachfolger Philipp Ernst ordnet 1778 an, das „Schiff des Prätorius" auch bei Fahruntüchtigkeit auf jeden Fall zu erhalten.

Ein Modell des „Steinhuder Hechtes" zeigt das Museum auf der Festung Wilhelmstein.

Wilhelms Interessen galten allerdings nicht nur den Uniformen. So zeigte sich Graf Wilhelm von der königlichen Hofmusik am Hofe Friedrichs II. in Potsdam stark beeindruckt. Das führte zu dem Plan, in seiner Residenz diesem Vorbild nachzueifern. Dazu brauchte er aber den geeigneten Hofmusiker. Er fand ihn in Johann Christoph Friedrich Bach, dem jüngsten Sohn des großen Johann Sebastian Bach. Dessen Lebenslauf begann wie der seiner Brüder mit einer Ausbildung an der Leipziger Thomasschule sowie musikalischem Unterricht durch seinen Vater. Er folgte um die Jahreswende 1749/50 als gerade Achtzehnjähriger dem Ruf, als „Hochgräflich Schaumburg-Lippischer Cammer-Musicus" am Hof in Bückeburg in den Dienst zu treten. Auch ein prominenter Franzose wollte den Bückeburger Hof kennen lernen, Francois Marie Arouet, besser bekannt als Voltaire, gab der Residenzstadt mit einer Visite die Ehre.

Landesherr Graf Wilhelm stirbt kinderlos 1777. So folgt ihm mit Philipp Ernst II., bis 1787 der Vertreter der Alverdisser Nebenlinie, die auf den Bruder seines Großvaters Friedrich Christian, Philipp Ernst I., zurückgeht. Dessen Enkel Philipp Ernst II. heiratet Juliane, Landgräfin von Hessen. Sie wird schaumburgische Geschichte schreiben.

Johann Christoph Friedrich Bach

Der Bückeburger Hof beschäftigt zu dieser Zeit auch zwei Italiener als Kapellmeister und Komponisten. Bach lernte so den Stil der italienischen Oper und Kantate kennen, da in den mindestens zweimal wöchentlich stattfindenden Konzerten, die in der Regel spätnachmittags gegeben wurden, vor allem Vokalmusik aufgeführt wurde (schon Fürst Ernst schätzte italienische Gesangskunst und verlangte von neu engagierten Stimmkünstlern, dass sie „fein modieren und colorieren" können). Zu Graf Wilhelms Zeiten unterhielt die Hofkapelle eine Sängerin, Lucia Elisabeth Münchhausen, Tochter des Hofmusikers Ludolf Andreas Münchhausen, die durch den Unterricht des Konzertmeisters Serini in die italienische Gesangskultur eingeführt wurde. Sie wird Bachs Frau. Er heiratet

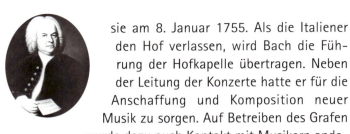

sie am 8. Januar 1755. Als die Italiener den Hof verlassen, wird Bach die Führung der Hofkapelle übertragen. Neben der Leitung der Konzerte hatte er für die Anschaffung und Komposition neuer Musik zu sorgen. Auf Betreiben des Grafen wurde dazu auch Kontakt mit Musikern anderer Adelshöfe aufgenommen, um Notenmaterial zu erbitten. Graf Wilhelm hatte den Ehrgeiz, in seiner Musikbibliothek den neuesten Entwicklungen des Musikgeschmacks zu folgen. Durch den herrschenden Siebenjährigen Krieg wurden die Personalangelegenheiten des Hofes nur langsam geordnet, weswegen Bach erst 1759 offiziell zum Hofkapellmeister ernannt und mit einer großzügigen Gehaltsverdoppelung von 200 auf nun 400 Reichstaler bedacht wurde, während seine Gattin weiterhin ihr Gehalt von 100 Talern für ihre Dienste als Sängerin bei Hofe empfing.

Bach bewirbt sich um eine bessere Stellung in Hamburg. Doch ihm wird sein Halbbruder Carl Philipp Emanuel vorgezogen. Es entwickelte sich nun ein verstärkter Kontakt und intensiver Austausch von Anregungen und Kompositionen zwischen den beiden. Aus der Zeit vor 1770 stammen die ersten neun seiner insgesamt neunzehn bekannten Sinfonien. Die Berufung Johann Gottfried Herders (1744–1803) als Hofprediger und Konsistorialrat nach Bückeburg im Jahre 1771 führte zu fruchtbarer Zusammenarbeit und einer Freundschaft zwischen dem Dichter und dem Komponisten. Diese Epoche, die für Bach eine geistig anregende Zeit war, endete 1776 mit der Berufung Herders nach Weimar. Bach widmete sich weiterhin der Hofkapelle und führte sie zu so großem Ansehen, dass 1782 die Bückeburger Hofkapelle den vierten Rang unter den besten Orchestern in Deutschland einnahm. Nach dem Tod des Nachfolgers Graf Philipp Ernst im Jahr 1787 übernahm Gräfin Juliane als Vormund des erst zweijährigen Erbprinzen die Regierung. Unter der musikliebenden Gräfin zeigte sich Bach in seinen letzten Lebensjahren noch einmal sehr arbeitsam und produktiv. 1787/88 gibt er eine Auswahl leichter Werke in vier Heften unter dem Titel „Musikalische Nebenstunden" heraus. Darin findet man zahlreiche Klavierwerke und Kammermusik, aber auch Klavierauszüge weltlicher Kantaten. Angespornt durch seinen Kollegen und späteren Nachfolger Franz Christoph Neubauer schrieb er in weniger als drei Jahren zehn Sinfonien und zwei Klavierkonzerte, die heute zum größten Teil noch auf Editionen und Wiederaufführungen warten. Am 26. Januar 1795 starb Johann Christoph Friedrich Bach „an einem heftigen Brustfieber" in Bückeburg, wo er am 31. Januar auf dem Jetenburger Friedhof begraben wurde. Dort fand 1803 auch seine Witwe ihre letzte Ruhe.

Johann Gottfried Herder

Zu den besonders herausragenden Persönlichkeiten am Hofe des Grafen Wilhelm in Bückeburg zählt der aus Mohrungen (Ostpreußen) stammende, späterhin weit bekannte und berühmte Johann Gottfried Herder (* 25. August 1744, † 18. Dezember 1803), den es nach dem Studium in Königsberg (bei dem er es eigentlich auf die Laufbahn eines Chirurgen abgesehen hatte) ins Baltikum zieht. Noch in Königsberg hatte er den bedeutenden Gelehrten und Philosophen Immanuel Kant als Universitätslehrer kennen gelernt, denn er hatte sich mittlerweile von der Medizin zur Theologie hin orientiert. Kant hat Herder tief beeindruckt. Unter dem Einfluss Rousseaus, Fichtes, Hegels und natürlich Kants beginnt Herder zu schreiben – zuerst für Zeitungen. In Riga kann Herder eine Stelle als Aushilfslehrer an der Domschule besetzen. Er erhält erste kleine kirchliche Ämter und wird Freimaurer, eine in Adels- und Gelehrtenkreisen zu der Zeit grassierende Mode. Bald verlässt Herder die Stadt und nimmt einen Ruf als Hofprediger am Hofe des Herzogs von Holstein-Gottorp, eine dem dänischen Königshaus und den Oldenburgern nahe stehende Fürstenlinie, in Eutin an. In Hamburg lernt er die Dichter G. E. Lessing und Matthias Claudius kennen. Gemeinsam mit seinem Eutiner Erbprinzen Peter Friedrich Wilhelm begibt er sich auf eine Reise, auf der ihn der Ruf des Grafen Wilhelm aus Bückeburg erreicht. Doch erst einmal führt ihn der Weg mit seinem Prinzen unter anderem nach Darmstadt, wo er seine Frau kennen lernt und kurz entschlossen im Jahre 1773 heiratet. Im nahen Mannheim trifft Herder Goethe. Verheiratet bittet Herder jetzt um seine Entlassung aus holsteinischem Dienst und nimmt die Stellung als Hauptprediger und Konsistorialrat in Bückeburg an. Das Verhältnis zu dem durch und durch soldatischen und keinen Widerspruch duldenden Landesherrn und Militärtheoretiker Graf Wilhelm gestaltete sich schwierig, auch weil dessen fromme Gemahlin Maria (von Lippe-Biesterfeld, Heirat 1765) sich Herder in herzlicher Verehrung anschloss. Die Zeit des Bückeburger Aufenthalts war Herders eigentliche „Sturm- und Drang-Periode". Gemeinsam mit Goethe und Merck editierte er ab 1772 die „Frankfurter Gelehrten Anzeigen", ein kritisches und programmatisches Organ deutscher bürgerlich-oppositioneller Intelligenz, zu dem der Literat Herder viele Rezensionen zu Geschichtsschreibung, Philosophie und Religion beisteuerte.

Generalsuperintendent in Weimar

Herder verhandelte um eine Berufung an die Universität Göttingen, als er durch Goethes Vermittlung im Frühjahr 1776 als Generalsuperintendent, Mitglied des Oberkonsistoriums und erster Prediger an die Stadtkirche zu Weimar berufen wurde. Nach dem Tod seiner Bückeburger Gönnerin, der Gräfin Maria, entschloss sich Herder, dem Ruf zu folgen und traf am 2. Oktober 1776 in Weimar ein. Es entwickelte sich ein enger Kontakt zu Karl Ludwig von Knebel, August von Einsiedel und Christoph Martin Wieland, für dessen „Teutschen Merkur" (1773–1789) Herder Aufsätze über Hutten, Kopernikus, Reuchlin, Savonarola, Sulzer, Winckelmann und Lessing verfasst. 1783 reiste Herder nach Hamburg und lernte Klopstock persönlich kennen, besuchte Matthias Claudius und den protestantischen Abt Jerusalem in Riddagshausen, Ratgeber des Braunschweiger Herzogs Karl Wilhelm Ferdinand, sowie Johann Wilhelm Ludwig Gleim in Halberstadt. Die alte Freundschaft zu Goethe lebte wieder auf, allerdings musste Herder seinen Freund Goethe jetzt als ebenbürtig anerkennen. Nach einer Italienreise, auf der er die Begründerin des „Weimarer Musenhofes", Herzogin Anna Amalie (gebürtig Braunschweig Wolfenbüttel Bevern) kennen lernt, kommt es 1789 zum irreparablen Bruch mit dem Geheimrat, Frankfurter Großbürgerssohn (Vater Johann Caspar Goethe war ein arrivierter Bürger Frankfurts, Italienkenner und kaiserlicher Rat in Wien) und Weimarer Dichterfürsten. Herders Stern am literarischen Himmel beginnt nun zu sinken.

Der als Literat berühmte Johann Gottfried Herder, verewigt als Prediger neben „seiner" Bückeburger Stadtkirche

Kleines Foto oben: Johann Wolfgang von Goethe, 1749–1832, wurde in Weimar geadelt und machte die Stadt zum Zentrum der deutschen Klassik. Gemälde von J. K. Stieler 1828

Fürst Georg Wilhelm, 1784–1807–1860, führt sein Fürstentum zu bedeutendem Reichtum

Regentin Juliane

Nach dem Tode ihres Gatten Philipp Ernst, mit dem sie seit 1780 verheiratet war, übernahm Gräfin Juliane 1787 gemeinsam mit dem Reichsgrafen von Wallmoden-Gimborn die Vormundschaft für den minderjährigen Erbgrafen Georg Wilhelm. Diese Gelegenheit will das schon lange auf die Einverleibung Schaumburg-Lippes wartende Hessen nutzen, um mit der Grafschaft handstreichartig „reinen Tisch" zu machen. Der nach Minden geflohenen Gräfin, seiner Cousine, bietet der Landgraf Wilhelm IX. von Hessen-Kassel eine hohe Summe an, wenn sie auf die Grafschaft Schaumburg-Lippe verzichtet. Doch jetzt bewährt sich die Festung Wilhelmstein, die von den Hessen nicht eingenommen werden kann. Sie sorgt für den nötigen Zeitgewinn, um es der Gräfin zu ermöglichen, Bündnispartner gegen die Hessen zu finden. Preußen und Hannover versichern ihr den Beistand, Hessen muss die Beute wieder herausrücken.

Als Regentin erweist sich Juliane als energische und umsichtige Landesherrin. Sie fördert die Landwirtschaft, lässt befestigte Straßen anlegen und wird zur Gründerin von Bad Eilsen. Als sie 1799 mit nur 38 Jahren stirbt, führt von Wallmoden-Gimborn die Regentschaft für den noch immer minderjährigen Erbgrafen Georg Wilhelm bis 1807 fort, der im gleichen Jahr den nunmehr erblichen Fürstentitel erwirbt.

Doch erst einmal musste der neue junge Herr den erneut drohenden Verlust der Selbstständigkeit abwehren. Um den Schutz Napoleons zu erreichen, trat die Grafschaft dem napoleonisch dominierten Rheinbund bei. Der Legende nach wollte der Kaiser den Fürstentitel eigentlich nur der Grafschaft Lippe verleihen – ein Missverständnis in der französischen Kanzlei führte aber dazu, dass beide Grafen den Titel erhielten.

So oder so – die bereits von Fürst Ernst in der Renaissance erreichte Erhöhung war nun endgültig und erblich etabliert. Georg Wilhelms vielleicht bedeutendste Maßnahme war die Einführung einer Eisenbahn durch das Land, die er auf eigene Kosten bauen ließ. Damit hatte das Fürstentum Anschluss an die Neuzeit gefunden. Fürst Georg Wilhelm starb 1860. Jetzt übernahm sein Sohn Adolf Georg (1817–93) die Herrschaft im prosperierenden Fürstentum, die nun für 33 Jahre in seinen Händen blieb. In seiner Regierungszeit sollte das zweite deutsche Kaiserreich (ab 1871) unter „Wilhelm dem Großen", Kaiser Wilhelm I., den Zenit seiner Geschichte erleben.

Das heutige Bückeburg

Der nur wenige Jahre (1911–1918) regierende Fürst Adolf, Erbauer des Mausoleums im Bückeburger Schlosspark, dankte als letzter regierender Bundesfürst des Kaiserreiches am 15. November 1918 ab. Fürst Adolf, der mit einer geschiedenen Prinzessin von Bentheim-Bentheim (Elisabeth Bischoff) verheiratete Ex-Monarch, starb gemeinsam mit seiner Ehefrau am 26. März 1936 bei einem Flugzeugabsturz in Mexiko. In seiner Regierungszeit hatte er sich noch um den weiteren wirtschaftlichen Aufstieg seines Fürstentums mit Schwerpunkt Bad Eilsen bemüht.

Die Schaumburger Dynastie prägt bis heute durch ihre Bauten und Kunstwerke das Bild der hübschen Residenzstadt, die sich ihren Charakter bewahren konnte und die es ohne Dynastie vielleicht nie gegeben hätte. Ohne die fürstlichen Bauwerke jedenfalls wäre Bückeburg zweifellos sehr viel ärmer, das Bild der Stadt bei weitem nicht so reizvoll. Marktplatz, Triumphtor, Schloss mit Schlosspark und Stadtkirche sind bestimmend für den Eindruck, den die vielen Besucher von Bückeburg mitnehmen. Fraglos ist die ansehnliche Residenzstadt ein Touristenmagnet, eine weithin bekannte Attraktion. Aber sie lebt keineswegs nur von ihrer Vergangenheit und einst großen Tagen. Bückeburg ist eine moderne Stadt, wenn auch seinen Traditionen verpflichtet, und empfindet begründeten Stolz auf die große Vergangenheit, die durch die noch immer hier lebende Fürstenfamilie bis in die Gegenwart hineinwirkt.

Oben: Fürst Adolf Georg regierte 33 Jahre und erlebte die Blüte des Kaiserreiches

Unten: Gala-Auftritt des letzten regierenden Fürsten Adolf II., 1883–1936

Das Hubschraubermuseum

Zu den Besucher-Höhepunkten Bückeburgs gehört auf jeden Fall das Hubschraubermuseum mitten in der Innenstadt, das mit einmaligen Exponaten die Geschichte der Drehflügler, die zum großen Teil in Deutschland geschrieben wurde, dokumentiert. Wer wissen will, wie diese eigenwilligen Fluggeräte entstanden sind, kommt um dieses in Europa einzigartige Museum nicht herum. Zwei Deutsche – Henrich Focke aus Bremen und Anton Flettner aus Eddersheim bei Frankfurt – haben die grundlegende Entwicklungsarbeit für die heutigen Helikopter geleistet. Mit ihren Erfindungen, die noch im Krieg in Testreihen und zum Teil sogar in Serien gingen, haben sie die Voraussetzungen geschaffen, ohne die moderne Hubschrauber nicht vorstellbar sind.

Als einziges Land der Welt verfügte Deutschland in den späten Dreißiger und in den Vierziger Jahren bis zum Ende des Krieges über Drehflügler, die – im Gegensatz zu den sogenannten Autogiros – nicht nur senkrecht starten und landen konnten, sondern auch die Fähigkeit hatten, zu manövrieren und in der Luft zu stehen oder sogar rückwärts zu fliegen – und das mit zum Teil beachtlicher Geschwindigkeit. Wer mehr dazu erfahren will, ist mit den reichhaltigen Exponaten im Bückeburger Hubschraubermuseum bestens bedient. Hubschrauber – noch etwas hat Bückeburg auf diesem Sektor heute zu bieten: Die Heeresfliegerwaffenschule der Bundeswehr. Die Ausbildung auf modernsten Helikoptern erfolgt in unmittelbarer Nähe Bückeburgs auf dem angrenzenden Flughafen Achum.

Für Drehflügler-Fans die Tür zum Paradies: Eingang in das Hubschraubermuseum in Bückeburg, das in einem traditionellen Fachwerkhaus viele interessierte Besucher empfängt

Gegenüberliegende Seite:
Moderner Kampfhubschrauber „Apache" auf dem nahen Militärflugplatz Achum

Prof. Henrich Fockes „Drache" mit gegenläufigen Rotoren. Die Fa 223 war zu ihrer Zeit als leistungsfähigster Transporthubschrauber (max. 850 kg) weltweit einzigartig

Das Landesmuseum

Von der Ur- und Frühgeschichte über die Landesgeschichte bis hin zur Volkskunde – wer sich einen Überblick verschaffen will, ist im Landesmuseum direkt in der Fußgängerzone zwischen der Stadtkirche und dem Triumphtor an der richtigen Adresse. Eine für die Weserrenaissance typische schöne Auslucht ist ein charakteristisches Merkmal des unverkennbaren ehemaligen Adelshofes, in dem Besucher auch etwas über bedeutende Persönlichkeiten der Landesgeschichte erfahren.

Glanzlichter sind, wie schon in der „Amtspforte" in Stadthagen, die Trachten aus dem Fürstentum – Friller Tracht, Bückeburger Tracht, Lindhorster Tracht. Hier zeigt sich die Landesgeschichte von einer ihrer schönsten Seiten.

Viele der traditionellen Trachten sind noch heute in Gebrauch. Wer mehr über die „Bückeburger Jäger", ihre Waffen und Uniformen oder traditionelle Hofuniformen erfahren möchte, ist hier ebenfalls willkommen und wird auch in der Hinsicht im Heimatmuseum fündig.

Klein und groß in Bückeburger Tracht – die Trachtenvereine halten das Brauchtum im Lande lebendig

Das Parkcafé

Spaziert man am westlichen Schlossgraben entlang, öffnet sich der Weg zum Parkcafé, man kann aber auch von der Mausoleumseite dorthin gelangen. Im Schatten großer Bäume kann man hier „Open Air", freundliche Bedienung, nette Leute und ein gehobenes Ambiente erleben. Wenn das Wetter von der Freiluft-Atmosphäre abrät, so kann man auch den sympathischen Innenräumen durchaus etwas abgewinnen. Auch im Parkcafé erinnert das eine oder andere Requisit, zeugen Gemälde, Büsten und Leuchter von der „Guten Alten Zeit" im schaumburg-lippischen Fürstentum. Wer weniger an Erinnerungen interessiert ist, dem bleibt vielleicht aber nach einem Besuch ein gutes Stück Kuchen oder eine Leckerei aus Küche oder Speisekammer im Gedächtnis.

Das Parkcafé ist in jedem Fall sehenswert und ein Besuch unbedingt zu empfehlen. Gastronomisch-historisch betrachtet gibt es noch etwas Besonderes in Bückeburg, allerdings in der Innenstadt – aber natürlich ebenfalls mit gastlichem Garten für sommerliche Tage.

Auch im Parkcafé ist die Dynastie allgegenwärtig: Ölgemälde Fürst Adolf II. in festlicher Kleidung um 1930

Oben: „Berliner Weiße oder ein Weizen?" – im Garten schmeckt's noch mal so gut

„Die Falle"

Heinrich (Harry) Heine gehört zwar nach Düsseldorf, aber es verband ihn auch so manches Erlebnis mit Bückeburg, denn hier hatte der promovierte Jurist sich einige Zeit als Redakteur der Lokalzeitung betätigt und gern das Lokal seines Großvaters väterlicherseits, Josef Heine, aufgesucht – die „Falle". Dieser Großvater, der auch als Bankier und Geldverleiher tätig war, hatte einen weiteren Sohn namens Lazarus. Lazarus Heine machte nun auch ganz schöne Geschichten – allerdings keine besonders rühmenswerten. Er war schlicht ein Bankrotteur, der seine Gläubiger, unter ihnen die Fürstin Hermine, schlichtweg über die Klinge springen ließ, indem er nach London flüchtete. Kein sehr feiner Zug, aber er führte zum erstrebten Ergebnis – er hatte sich der Verfolgung entzogen. So etwas wünschte sich wohl so mancher Zechpreller dereinst auch, aber die Zeiten haben sich geändert und in der „Falle" verkehren heutzutage sowieso nur anständige Gäste. Der feine „Bankier" Lazarus Heine starb unbehelligt 1853 im fernen Australien. Der Besitz in Bückeburg wurde versteigert und aus dem Bankhaus entstand wiederum eine Gaststätte, denn vor den Heine-Zeiten war hier schon einmal ein Gasthaus untergebracht. Das neue Gasthaus erhielt nun wieder den schönen Namen „Falle", den es auch heute noch trägt. Es ist ein modernes Lokal mit Chic und Ambiente. Noch immer bis heute gehen die Menschen in Bückeburg ganz gern „in die Falle" und das wird wohl auch noch lange so bleiben.

Natürlich sind auch auswärtige Besucher hier herzlich willkommen – wenn sie denn wirklich riskieren wollen, bei den Bückeburgern „in die Falle" zu gehen. Doch keine Sorge, Glücksspiel oder Bankgeschäfte à la Lazarus finden hier nicht mehr statt – also nur Mut.

So sitzt man in Bückeburg in der „Falle"

Heine-Gedenkstein am Ende des „Heine-Weges" auf dem Brocken im Harz

Der Ratskeller

Tief unten im „wilhelminischen" historischen Rathaus im Neorenaissance-Stil, das seinen älteren Vorgänger 1905 ablöste, befinden sich die Gewölbe des 300 Jahre alten Ratskellers, der jeden Morgen bereits um 9.30 Uhr seine Pforten öffnet. Im Sommer kann man die Kreationen des Küchenchefs, und was Speisekammer, Keller und Tresen sonst noch zu bieten haben, auch auf der Terrasse genießen. Das Rathaus grenzt direkt an Fußgängerzone und Marktplatz. Auch ein großer Saal für bis zu 150 Personen ist im Ratskeller vorhanden. Noch größer ist der Rathaussaal, in ihm finden 700 Personen Platz. Aber wer hat schon eine derartig umfangreiche Begleitung!? Der „Große Rathaussaal" ist denn auch eher für Tagungen, rauschende Feste, Empfänge und Bälle sowie für Theateraufführungen gedacht. Eigenartigerweise trinkt man im Bückeburger Ratskeller kein Schaumburger Bier (das aus dem nahen Stadthagen kommt), sondern ein gepflegtes Pils aus dem fernen Peine im niedersächsischen. „Chaqu'un à son goût". Zum Wohl!

Das historische Rathaus aus wilhelminischer Zeit, ein Bauwerk im Neo-Renaissance-Stil

Die Hofreitschule ist ein Erlebnis mit einmaliger Atmosphäre

Die fürstliche Hofreitschule

Das unter dem Fürsten Georg Wilhelm (1784–1860) immens reich gewordene Fürstenhaus konnte sich schon früh kostspielige Vergnügungen und Steckenpferde leisten (noch heute gehören allein beinahe 11.000 Hektar Wald zum umfangreichen fürstlichen Besitz im In- und Ausland, man ist auch stark in Immobilien engagiert). Bereits im 18. Jahrhundert galt Bückeburg als eines der bedeutendsten Reitkunstzentren Europas. Im Jahre 2004 hat man diese Tradition wieder aufgegriffen und die Fürstliche Hofreitschule neu eröffnet, sie ist die einzige ihrer Art in Deutschland. Damit erhielt Bückeburg eine weitere herausragende Einrichtung und präsentiert sich als ein Ort, der für seine kleine Zahl an Bewohnern (rd. 20.000) mit einem bemerkenswerten Spektrum an Glanzlichtern aller Art aufwarten kann.

Die Fürstliche Hofreitschule lässt ihre Besucher durch Reitkunst in zeitgenössischen Original-Kostümen an einer Zeitreise durch Barock und Renaissance teilhaben, die weit und breit ihresgleichen sucht. Reitkunst auf höchstem Niveau – mit prächtigen Hengsten aus dem Fürstlichen Marstall führen die ausgezeichneten Reiter direkt vor dem Schloss einzigartige reiterliche Kunststücke vor, die an die hoch entwickelte Kultur der europäischen Königs- und Fürstenhöfe anknüpfen. Barockpferderassen zeigen Paradegangarten zu klassischer Musik – diese weltweit einzigartige Vorstellung kann man nur in der ehemaligen fürstlichen Residenzstadt Bückeburg erleben. Die Fürstliche Hofreitschule ist neben ihren eigenen Vorführungen und Veranstaltungen auch bei vielen anderen Gelegenheiten vertreten und präsentiert sich mit ihren Hengsten bei vielen öffentlichen „Events" dem Publikum hautnah. Dass dieses einmalige Ensemble von Kunstreitern Pferdeliebhaber und Reiter von nah und fern anlockt, kann nicht verwundern. Dem Zauber der Hofreitschule kann sich kaum jemand entziehen, auch wenn er sonst vielleicht nicht unbedingt sein Glück auf dem Rücken der Pferde sucht. Es ist eine Inspiration und eine Augenweide nicht nur für Reitfreunde und man kann sich den weiten Weg nach Wien sparen.

Die historischen Kostüme in ihren auffälligen Farben und Formen sind Boten einer anderen Zeit, reizvolle Verkünder anderer Wertmaßstäbe. Funktion ist nicht alles – und das ist nur ein Teil der „Botschaft von gestern", die uns zwar über das Auge erreicht, aber

Der „Goldene Hengst" – Symbol der Fürstlichen Hofreitschule

Paradestücke der Reitkunst
zu sehen in Bückeburg

nicht nur das Auge anspricht. Die Hofreitschule ist ein Erlebnis mit einmaliger Atmosphäre, mit Fechten, Tanzen, Reitkunst und historischer Musik. Wer will, kann auch die zeitgenössische Küche bei den Gastgebern der Hofreitschule erleben.

Lipizzaner, Andalusier, Berber und viele andere berühmte Pferderassen sowie eine „Excellente Cuisine" erwarten Sie und den Gourmet in Ihnen. Lassen Sie sich in eine andere Epoche entführen, ein großartiges Erlebnis mit einzigartigem Flair erwartet Sie – natürlich in Bückeburg.

Authentische Kleidung aus alter Zeit – was für ein Reichtum an Farben, Formen und Verzierungen!

Höhepunkte des Jahres in Bückeburg

Zu den Bückeburger Publikumslieblingen mit mehr als 60.000 Besuchern jährlich zählen vor allem die Veranstaltungen im Schloss und im Schlosspark, die Schaulustige von weither anlocken. Bei „Landpartie", „Ritterspielen", „Weihnachtszauber" und „Bückeburg kocht über" spielen Angehörige der Fürstenfamilie als Initiatoren und Hauptdarsteller eine tragende Rolle und beschränken sich keineswegs auf ein „Statisten-Dasein". Die Veranstaltungstermine sollte man sich vielleicht im Kalender eintragen, wenn man die exklusive Atmosphäre von Stadt und Schlossgelände bei festlicher Gelegenheit erleben möchte.

Die „Landpartie"

Fahren Sie doch einmal hinaus aufs Land und genießen Sie ein glamouröses Fest der Sinne. Schloss und Schlosspark in Bückeburg bieten dafür den passenden Rahmen für ein sommerlich elegantes Spektakel: Die „Landpartie". Dieses modisch-kulinarische Fest vereinigt viele Facetten in sich und ist alljährlich ein Publikumsmagnet, der viel Aufmerksamkeit findet und überregional für Aufsehen auch in den Medien sorgt. Es ist eine gelungene Mixtur aus Show, Mode, Boutique, Landleben, Gourmet-Sehnsüchten, Sehen und Gesehen werden. Man zeigt sich elegant bis exzentrisch, verwegen bis rustikal. Auf der Landpartie  präsentieren Aussteller aus dem In- und Ausland den Besuchern schöne und hochwertige Dinge rund um Haus und Garten. Pflanzenraritäten, edle Stoffe, Mode, Möbel für Drinnen und Draußen, Gartengeräte, Kunst und Schmuck. Modeschauen und eine reizvolle Oldtimer-Ausstellung locken Fashion-Fans und Liebhaber alter Fahrzeug-Modelle mit illustren Herstellernamen in die niedersächsische Residenzstadt.

Bückeburg mit Schloss und Park bietet dafür die wahrlich passende Umgebung, hier finden automobile Exoten eine noble Kulisse. Oldtimer – vom Töfftöff bis

FRONLEICHNAM	Landpartie
IM JULI	Ritterspiele am Mausoleum
ERSTES AUGUSTWOCHENENDE	Bückeburg kocht über
1. ADVENT	Weihnachtszauber Schloss Bückeburg

Die „Landpartie": Dieses Fest vereinigt viele Facetten in sich und ist alljährlich ein Publikumsmagnet, der viel Aufmerksamkeit findet und überregional für Aufsehen auch in den Medien sorgt. Liebhaber gepflegter Oldtimer sind bei der Landpartie ganz bestimmt an der richtigen Adresse

zum Bugatti, vom Mercedes-Kompressor bis zum Hispano-Suiza. Wer hätte nicht gern ein solch edles Schmuckstück in seiner Garage? Holen Sie sich auf der „Landpartie" die passenden Anregungen, zücken Sie die Kamera, lauschen Sie den Kipphebeln und dem Ventilspiel, schnuppern Sie Benzinluft und lassen Sie sich mit kernigen Motorengeräuschen in die „Gute Alte Zeit" zurück versetzen.

„Weihnachtszauber"

Leise rieselt der Schnee... – Märchen müssen keine Märchen bleiben. Erleben Sie Ihr persönliches Wintermärchen in einem bezaubernden Umfeld. Da kommen nicht nur Kinderaugen ins Glänzen, auch manchem Erwachsenen wird es bei weihnachtlicher Stimmung warm ums Herz. Was spricht dagegen, ein Glühwein dazu wärmt schön die Füße und schon ist der „Weihnachtszauber" bei Alt und Jung allgegenwärtig. „Oh Tannenbaum..." – im Dezember gehört Bückeburg dem Weihnachtsmann und seinen geflügelten Helfern und Helferinnen. Starten Sie Ihren eigenen Schlitten und lassen Sie sich vom weihnachtlichen Zauber einfangen.

Ein Fell für alle Fälle – wo ist der Zauberer mit dem Schnee?

Von wegen „Stille Nacht" – pralles Leben erfüllt im Advent die Residenzstadt Bückeburg

Der prachtvolle Große Festsaal im Schloss – hier kann man wahrlich Feste feiern

Das Fürstenhaus heute

Seit 1946 ist das ehemalige Fürstentum wie das Herzogtum Braunschweig, die preußische Provinz Hannover und das Großherzogtum Oldenburg Teil des neuen Bundeslandes Niedersachsen, einer nüchternen Schreibstuben-Schöpfung. Das verwandte Fürstentum Lippe wurde in das neugeschaffene Bundesland Nordrhein-Westfalen transplantiert.

In Schaumburg-Lippe blieb die Verbundenheit der Bevölkerung mit dem Fürstenhaus bis heute ungebrochen. Dies beweisen immer wieder gesellschaftliche Anlässe wie Taufen oder Hochzeiten, bei denen das Fürstenhaus im Mittelpunkt des öffentlichen Interesses nicht nur in Bückeburg steht. Bei der zweiten Hochzeit des Fürsten Alexander (Erste Ehe 1993 mit Prinzessin Marie-Louise [Lilly] von Sayn-Wittgenstein-Berleburg, geschieden 2002) mit der Münchner Rechtsanwältin Nadja Anna Zsoeks am 30. Juni 2007 war Prominenz aus Adel und Geldadel, aus Film, Fernsehen, Politik und sonstigem Showbusiness sowie aus dem ganzen Lande versammelt.

Diese Heirat wurde als „Traum- oder Märchenhochzeit des Jahres" apostrophiert und die Bevölkerung aus nah und fern säumte die Straßen, um einen Blick auf die „große Welt" zu erhaschen. Auch hier zeigte sich wiederum die traditionelle und bis heute enge Beziehung der Einwohner von Stadt und Umland des ehemaligen Fürstentums Schaumburg-Lippe zu „ihrem" Fürstenhaus.

Eine Fürstenhochzeit anno 2007

Tausende nicht nur Bückeburger Bürger säumten trotz regnerischem Wetter die Straßen, als am 7. Juli 2007 ein Hochzeitszug auf dem Weg von der Stadtkirche zum Schloss durch die Innenstadt am Rathaus vorbei defilierte. Fürst Alexander führte die frischgebackene Gattin vom Traualtar zur Residenz. Für den Fürsten ist es die zweite Ehe, sein Sohn aus erster Ehe, Heinrich Donatus, schritt direkt hinter dem Paar. Natürlich war für dieses spektakuläre Ereignis halb Bückeburg auf den Beinen, aber dazu gesellten sich Prominente aus Film, Funk und Fernsehen sowie „Sehleute" von nah und fern. Bückeburg feierte das Ereignis des Jahres, ein Highlight für Fotografen, Ragazzi und Paparazzas, die von allüberall extra angereist kamen, um in der „Yellow Press" und sonstigen bunten Blättern, in Rundfunk und Stubenkino über die Vorgänge in dem kleinen niedersächsischen Städtchen ausführlich und mit opulenten oder auch indiskreten Bildern zu berichten. Nach der Trauung folgte ein Empfang im Schloss, bei dem sich auch Minister und sonstige Politikakteure aus Bund und Land einfanden, um dem fürstlichen Paar die Aufwartung zu machen. Danach folgte, getreu dem sorgsam ausgearbeiteten Protokoll, die reich gedeckte Tafel mit auserwählten Köstlichkeiten und ein festlicher Abend im illuminierten Schloss, der den Abschluss der Feierlichkeiten bildete.

„The party is over" – am nächsten Morgen konnte Bückeburg wieder zur Tagesordnung übergehen, die Prominenz hatte sich, wohl versehen mit publicityträchtigem Abglanz eines großen Ereignisses, auf den Heimweg gemacht. Nun ja – arriverderci, au revoir, goodbye und auf Wiedersehen. Die Normalität hatte Bückeburg wieder.

Nach der Trauung – Seine Durchlaucht Fürst Alexander mit Gattin Nadja Anna aus München

Das niedersächsische Staatsarchiv

Natürlich wird in Bückeburg nicht nur gefeiert, es gibt auch den ganz normalen Arbeitsalltag. Das gilt, ebenso wie für Handwerker und Angestellte, auch für das niedersächsische Staatsarchiv, das sich im südöstlichen Seitenflügel des Schlosses eingerichtet hat. Hier dominiert die Wissenschaft, hier wird geforscht und publiziert. Das Staatsarchiv Bückeburg ist seit dem 1. Februar 1978 für die niedersächsischen Landesbehörden im Landkreis Schaumburg zuständig; ausgenommen sind die obersten Landesbehörden und die zentralen Fachbehörden.

Aufgabe ist die Erfassung, Bewertung und Übernahme von Schriftgut, beispielsweise der Amtsgerichte und des Landgerichts, des Finanzamtes, Katasteramtes oder Staatshochbauamtes im Landkreis. Das Staatsarchiv in Bückeburg ist auch für die Vorgänger des Landkreises Schaumburg verantwortlich, der in seiner heutigen Gestalt am 1. August 1977 im Rahmen der niedersächsischen Kreisreform durch die Zusammenlegung der Landkreise Schaumburg-Lippe und Grafschaft Schaumburg entstand. Durch die Kreisreform wurden die südlichen und nördlichen Gebietsteile politisch wieder zusammengeführt, die im Mittelalter die (alte) Grafschaft Schaumburg ausgemacht hatten, durch die Teilung der Grafschaft im Jahre 1647 jedoch zwischen Hessen und Schamburg-Lippe getrennt worden waren.

Dem Staatsarchiv in Bückeburg sind neben den genannten Pflichten zwei zentrale Aufgaben zugewiesen: Seit 1961 wird hier im Auftrage des Bundes für alle Archive des Landes Niedersachsen die Mikroverfilmung des wichtigsten Archivgutes zu Sicherungszwecken durchgeführt und seit 1968 ist hier die Massenrestaurierung von Archivgut der niedersächsischen Staatsarchive konzentriert. Mit regelmäßigen Publikationen tritt das Archiv auch an die Öffentlichkeit – es gibt Inventare und vielfältige Schriften zu einem breiten Themenspektrum heraus.

Abbildung gegenüber: Das Staatsarchiv hat sich im südöstlichen Seitenflügel des Schlosses eingerichtet

Niedersächsischer Staatsgerichtshof

Als Verwaltungssitz verfügt Bückeburg noch über eine weitere staatliche Instanz mit überregionaler Bedeutung – den Staatsgerichtshof. Der Niedersächsische Staatsgerichtshof ist das Verfassungsgericht des Landes Niedersachsen. Er ist ein Verfassungsorgan und gegenüber den übrigen Verfassungsorganen (Landtag, Landesregierung) selbstständig und unabhängig. Die Diensträume des Staatsgerichtshofes befinden sich im Gebäude des Landgerichts Bückeburg. Das Landgericht Bückeburg gehört zum Oberlandesgerichtsbezirk Celle. Neben Staatsgerichtshof und dem Landgericht gibt es in Bückeburg auch noch ein Amtsgericht. Die juristische Fakultät ist also in der ehemaligen Residenzstadt geradezu überreich repräsentiert. Der Staatsgerichtshof entspricht in etwa dem Bundesverfassungsgericht, beschränkt sich aber ausschließlich auf die niedersächsische Landesverfassung.

Vor dem weiten Blick ins Land haben die Götter am Ida-Turm den Anmarsch und viele Stufen gesetzt

Der Idaturm im Harrl

Der Idaturm im Harrl, einem Ausläufer der Bückeberge, wurde im Hungerjahr 1847 von Fürst Georg Wilhelm errichtet, um seinen Bauern Arbeit und Brot zu geben. Seinen Namen trägt der Turm nach der Gattin Georg Wilhelms, der Fürstin Ida von Waldeck und Pyrmont. Heute ist der Idaturm (211 m über NN) bewirtschaftet und ein beliebtes Ziel von Wanderern auf dem Weg von Bad Eilsen nach Bückeburg. Man muss aber gut zu Fuß und recht fit sein, um den dortigen weiten Ausblick vom Turm genießen zu können.

Bad Eilsen

Das heutige Heilbad blickt auf eine lange Geschichte als Kurort zurück. Bereits im Jahre 1642 wurden die heilkräftigen Schwefelquellen erstmals erwähnt, und im Jahre 1780 schlägt auf Initiative der Regentin Juliane die Geburtsstunde des Heilbades Eilsen; hier sprudeln die stärksten Schwefelquellen Mitteleuropas. 1790 kamen die ersten „offiziellen" Badegäste. Sie waren zumeist fürstlicher Abstammung;

Ähnlichkeiten mit griechischen oder römischen Vorbildern sind keineswegs zufällig – Kolonnade mit Zwillingssäulen im Park von Bad Eilsen

denn „kleine Leute" konnten sich einen Badeaufenthalt überhaupt nicht leisten. Bereits zu Beginn des 19. Jahrhunderts konnte sich Bad Eilsen rühmen, das erste Schlammbad Deutschlands zu sein. Der letzte regierende Fürst Adolf widmete Bad Eilsen seine besondere Aufmerksamkeit und sorgte für eine rege Bautätigkeit. Im heutigen Bad Eilsen sind Heilerde, Schwefel und Schlamm im Rahmen der Peloid-Therapie Geschenke der Erde, die in modernen Therapieeinrichtungen der Gesundheit dienen. Schwerpunkte der Behandlung im Heilbad sind Erkrankungen des Bewegungsapparates, Rheuma, Herz- und Kreislauferkrankungen, Unfallfolgen, Atemwegs- und Stoffwechselerkrankungen sowie Durchblutungsstörungen. Ganzheitliche Behandlung ist dabei das Zauberwort, das auf eine ganzheitliche Betrachtung des Menschen einschließlich der Psyche und der sozialen Situation ausgerichtet ist. Der schöne Kurpark lädt zum Lustwandeln ein. In Bad Eilsen, dem Kurort am Harrl, hat sich ein wenig von dem Flair des einst mondänen Badeortes bis in unsere Zeit erhalten.

Die Tuffsteinquelle in Bad Eilsen. Schwefel kann heilen – es kommt auf die Dosierung an, wie schon Paracelsus wusste

Die Schwefelquellen treten an den tiefsten Stellen des Auetales als Überlaufquellen zutage und schütten pro Tag etwa 300.000 Liter schwefelhaltiges Wasser aus. Hinzu kommt dann noch der schwefelgetränkte Schlamm, der geeignet ist für Schlammbäder und Schlammpackungen.

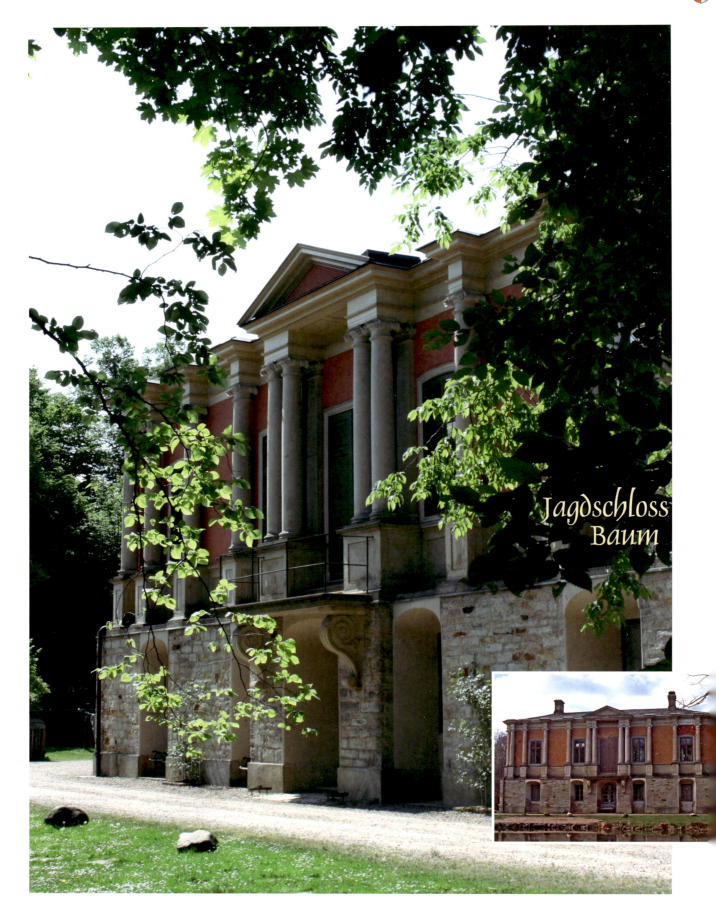

Jagdschloss Baum

Jagdschloss Baum

Es gab Zeiten, da war es für einen Fürsten geradezu obligatorisch, seinen Kunstverstand und den fürstlichen Status durch großzügige Festlichkeiten und niveauvolle künstlerische Darbietungen zu demonstrieren. Repräsentationsbauten, Theater und Musik spielten bei dieser Selbstdarstellung Hauptrollen. Als Kulisse für aufwändige Inszenierungen entstand so das Jagdschloss Baum von 1760/61 im Auftrage des Grafen Wilhelm von Schaumburg-Lippe. An das Jagdschloss Baum (nach einem ehemals nahen Zoll-Schlagbaum) nördlich von Bückeburg grenzt ein um 1760 geschaffener englischer Garten, in dem sich eine Grottenanlage befindet. Diese wiederum wird flankiert von zwei im Jahre 1758 hier aufgestellten prächtigen Frühbarockportalen, die in den Jahren 1604 bis 1606 unter dem prunkliebenden Fürsten Ernst III. für den Erdgeschoss-Saal im Südflügel des Bückeburger Schlosses geschaffen worden sind. Die kunstgeschichtlich bedeutenden triumphbogenartigen Prunkportale im Park, die nicht vollständig erhalten sind, zeigen antike Szenen. So ist das linke ionische Portal mit Neptun-, Nereiden-und Tritonenfiguren dem Wasser gewidmet. Das rechte korinthische Portal hat mit seinen musizierenden Frauengestalten die Musik zum Thema.

Das „Wasser"-Portal: Zu sehen sind Perseus und die von einem Seeungeheuer bedrohte Andromeda sowie die Jagdgöttin Diana und ihre Nymphen, die vom Jäger Aktäon beim Bade überrascht werden. Dieser antike Jäger ist auch bei anderen Fürsten ein beliebtes Motiv – so malt Graf Simon VI. von Lippe die gleiche Szene aus den „Ovidschen Metamorphosen" 1612 in Öl und folgt damit einer ganzen Reihe von Arbeiten verschiedener Künstler zu diesem Thema (heute zu sehen im Lippischen Landesmuseum in Detmold).

Auch im Schloss Neuhaus bei Paderborn taucht das Sujet wieder auf – der „Aktäon-Kamin" im südöstlichen Eckturm des „Hauses Braunschweig" belegt, dass der antike Dichter Ovid zu jener Zeit ein großes Lesepublikum gefunden hat. In Neuhaus ist der Künstler bereits einen Schritt weiter als auf dem Prunkportal im Park von Schloss Baum, hier erhält der ungebetene Eindringling in Dianas Privatissimum seine drakonische Strafe – die Göttin verwandelt den Unvorsichtigen in einen Hirsch, der dann von seinen eigenen Hunden gerissen wird – eine Mahnung zur Keuschheit in einer sinnenfreudigen Zeit. Bald aber wird das Pendel in die andere Richtung ausschlagen und dem zügellosen Treiben, insbesondere an vielen Höfen, ein Ende machen.

Der römische Dichter Ovid 47 v.–17 n. Chr.

Ovid hat ein umfangreiches Werk hinterlassen. Die Geschichte des Aktäon findet sich in seinen „Metamorphosen", den „Verwandlungen". Darin beschreibt er, wie der dreiste Eindringling verbotenes Terrain betritt und von der Göttin für seinen Frevel bestraft wird – hat er doch geschaut, was nicht für die Augen von Sterblichen bestimmt war. Diana verwandelt ihn auf der Stelle in einen Hirsch, der von seinen eigenen Hunden gerissen wird und elendig zugrunde geht. Dieses antike Sujet war Anlass für viele Künstler der Renaissance, sich in Bild oder Skulptur mit dieser Parabel zu befassen.

Das Jagdschloss Baum an der Rusbender Straße nördlich von Bückeburg im Schaumburger Wald wird schon seit Jahrzehnten als kirchliche Kinderfreizeitstätte genutzt und ist daher auch nur nach Absprache zu besichtigen. Die Außenbesichtigung von Schloss, Garten, Grotte und Prunkportalen ist aber auch ohne vorherige Absprache möglich. Folgen Sie dem Lockruf der Musen und Göttinnen mit der gebührenden Distanz, das Schicksal des unvorsichtigen und dreisten Aktäon sollte eine deutliche Warnung sein...

Phantasiedarstellung des Ovid aus dem 17. Jahrhundert

Die kunstgeschichtlich bedeutenden triumphbogenartigen Prunkportale im Park, die nicht vollständig erhalten sind, zeigen antike Szenen.

Chronik der Grafen zu Holstein-Schauenburg (verkürzt)

1110	Sachsenherzog Lothar von Süpplinburg belehnt Graf Adolf I. mit den Grafschaften Holstein und Stormarn. Erste Erwähnung der Schaumburg
1143	Gründung Lübecks durch Graf Adolf II.
1227	Nach 25-jähriger Herrschaft der Dänen über Lübeck kommt es zur Schlacht von Børnhøved, bei der Graf Adolf IV. die Dänen schlägt und damit die dänische Vorherrschaft im Ostseeraum beendet
1224	Adolf III. gründet Stadthagen
1235	Adolf IV. gründet Rinteln
1294	Erste Erbteilung der Holstein-Schaumburger. Adolf VI. erhält Schaumburg und begründet das „Jüngere Haus Schaumburg", seine Brüder behalten Holstein
um 1300	Adolf VI. erbaut die Wasserburg „buckeborch" am „Helweg vor dem Sandforde" auf den Resten einer früheren Burg
1344	Stadthagen bekommt Stadtrecht
1365	Bückeburg erhält das „Fleckenprivileg" und darf damit vor der Burg Markttag halten
1459	Mit Adolf XI. sterben die Schaumburger in Holstein aus. Ihre südlichen Verwandten erben die Grafschaft Pinneberg und den „Hamburger Hof"
1535–44	Adolf XIII. erbaut das Renaissanceschloss in Stadthagen, das sich unter seinem Nachfolger Adolf XIV. nach 1576 zur Vierflügelanlage erweitert
1560	Graf Otto IV. beginnt mit der Erweiterung des Schlosses in Bückeburg im Stil der Weserrenaissance
1601	Nach dem Tode des Stiefbruders Adolf XIV. kann Graf/Fürst Ernst III. allein regieren und verlegt 1607 die Residenz nach Bückeburg. Mit seiner Bautätigkeit prägt er das Gesicht der Stadt bis in die Gegenwart
1609	Unter Graf Ernst III. bekommt Bückeburg Stadtrecht
1610	Ernst gründet in Stadthagen ein Akademisches Gymnasium, das nach seiner Verlegung mit kaiserlichem Privileg 1621 seine Aufwertung zur Universität Rinteln erhält
1611–15	Bückeburg bekommt seine neue, manieristische Stadtkirche
1619	Graf Ernst III. erwirbt durch Kaiser Ferdinand den Fürstentitel
1640	Mit Graf Otto V. stirbt das „Jüngere Haus Schaumburg" im Mannesstamme aus
1647/48	Braunschweig zieht seine Lehen um Lauenau ein, die verbliebene Grafschaft Schaumburg wird zwischen Hessen und Lippe vertraglich geteilt. Es entsteht die neue Linie Schaumburg-Lippe, die mit Graf Philipp, Sohn von Simon VI. zur Lippe und Elisabeth von Holstein-Schauenburg beginnt und bis heute andauert

Das Schaumburger Nesselblatt bleibt bis in unsere Tage im Landeswappen des Bundeslandes Schleswig-Holstein erhalten

Chronik Schaumburg-Lippe

1601	Geburt von Philipp, Sohn des Grafen Simon VI. zur Lippe und Elisabeth, Gräfin von Holstein-Schauenburg, Schwester Fürst Ernst III. von Holstein-Schaumburg
1647/48	Im Exekutionsrezess wird die Teilung des Landes zwischen Hessen und Lippe vertraglich geregelt. Philipp wird erster Graf des schaumburgischen Erbteiles seiner Mutter, der neu entstandenen Grafschaft Schaumburg-Lippe. Die verbliebenen Besitzungen in Holstein und Hamburg werden verkauft
1681	Sohn Friedrich Christian übernimmt nach dem Tod seines Vaters die Herrschaft bis 1728. Sein Bruder Philipp Ernst I. begründet die Alverdisser Linie
1777	Nach dem Tod des letzten direkten Nachkommen des Grafen Philip, des ohne erbberechtigte Kinder verstorbenen Grafen Wilhelm Friedrich Ernst, tritt die Regierung jetzt auf die von Philipp Ernst I. begründete Alverdissener Grafenlinie Schaumburg-Lippe über. Enkel Philipp Ernst II. regiert bis 1787
1787	Für den noch minderjährigen Erbgrafen Georg Wilhelm übernimmt Mutter Juliane von Hessen-Kassel bis 1799, Reichsgraf von Wallmoden-Gimborn bis 1807 die Regentschaft
1788	Die Herrschaft Sternberg geht an Lippe
1807	Der nun volljährige Georg Wilhelm bringt die Grafschaft in den napoleonisch dominierten Rheinbund ein und nimmt den erblichen Fürstentitel an. Sein wirtschaftliches Geschick macht das Haus Schaumburg-Lippe zu einem „steinreichen Unternehmen"
1860	Sohn Adolf Georg kann das sanierte und solvente Fürstentum übernehmen. Es heißt, er habe sogar Kaiser Wilhelm II. Geld geliehen. Der Fürst Adolf Georg regiert volle 33 Jahre
1893	Fürst Georg tritt nach dem Ableben seines Vaters die Regierung an. Er baut das Schloss um und genießt große Sympathien in der Bevölkerung bis zu seinem Tode 1911
1911	Noch 7 Jahre bis zum Ende des Kaiserreiches. In dieser Zeit regiert im Fürstentum Schaumburg-Lippe der 1883 geborene Fürst Adolf. Er ist der letzte regierende Schaumburger Fürst und dankt auch als letzter Reichsfürst am 15. November 1918 ab. Nach seinem Thronverzicht lebt er überwiegend am Starnberger See. Sein Leben endet tragisch, er findet gemeinsam mit seiner Gattin Elisabeth durch einen Flugzeugabsturz in Mexiko am 26. März 1936 den Tod
1936	Der Bruder Wolrad des verunglückten Fürsten wird Chef des Hauses Schaumburg-Lippe. Ihm folgt 1962 Sohn Philipp Ernst mit Gattin Eva-Benita bis 2003
1983	Erbprinz Georg-Wilhelm verunglückt tödlich
2003	Der jüngere Bruder Fürst Alexander übernimmt für den früh verstorbenen Erbprinzen die Leitung des Hauses bis heute. Er heiratet in erster Ehe Marie Louise von Sayn-Wittgenstein-Berleburg („Lilly"), aus dieser Ehe stammt Erbprinz Heinrich Donatus
2007	Noch einmal lässt ein glanzvolles Ereignis fürstliche Pracht erahnen – der seit 2002 geschiedene Fürst Alexander heiratet am 7. Juli 2007 in zweiter Ehe die Münchner Rechtsanwältin Dr. Nadja Anna Szoeks

Fürstliches Schaumburg-Lippisches Staatswappen von 1904

Chronik Bückeburg

1365	Fleckenprivileg
1609	Bückeburg erhält Stadtrecht
1918	der letzte regierende Fürst dankt ab
1946	Schaumburg-Lippe und damit auch Bückeburg wird Teil Niedersachsens
2008	in Bückeburg leben etwa 21.000 Einwohner

Wappen des Fürstentums Schaumburg-Lippe mit Nesselblatt, lippischer Rose und Schwalenberger Stern

Quellen- und Literaturverzeichnis

Platte: „Geschichte eines Fürstenhauses", Werl 2007.
Perl, Rappel: „Schloss Bückeburg", Hamburg 2007.
Taschen: „Architekturtheorie", Köln 2006.
Katalog: „5 Architekten aus 5 Jahrhunderten". Hartmann, Berlin 1976.
Grube/Kutschmar: „Bauformen" Verlag für Bauwesen, Berlin 1986.
Kirchenvorstand Bückeburg: „Die Ev.-Luth. Stadtkirche in Bückeburg", o. Jahrgang.
Kreft/Soenke: „Die Weserrenaissance", CW Niemeyer, Hameln 1980.
Siebert: „Der Weg zum Manierismus im Mittelweserraum". Driftmann, Bückeburg 1985.
Bischoff, Schönlau: „Weser & Renaissance", Mitzkat 2007.

Persönlichkeiten aus Europas Hochadel von der Weser

Juliane Marie,
Königin von Dänemark

Anna Amalie,
Weimar

Elisabeth Christine, Gattin
Friedrich des Großen,
Königin von Preußen

Vom selben Autor in unserem Verlag erschienen

Helmut Trunz

DIE BEVERNS

Die Fürstenfamilie von Braunschweig Lüneburg Wolfenbüttel Bevern

Schloss Bevern bei Holzminden gab einer Nebenlinie der welfischen Herzöge von Braunschweig Wolfenbüttel den Namen. Von 1735–1884 lag die Regierung des Herzogtums Braunschweig in den Händen der welfischen Herzöge von Braunschweig Lüneburg Wolfenbüttel Bevern.
Diese Herrschaft bescherte Braunschweig nach der Hanse die zweite große Blütezeit.
Die weitreichenden Verbindungen der „Beverns" nach Wien, Berlin, London, St. Petersburg, Kopenhagen, Den Haag und Stuttgart begründeten eine großartige Epoche des Landes und seiner Residenzstadt Braunschweig.
Der braunschweigische Hof empfing Könige, Prinzen, Prinzessinnen und Gesandte aus den wichtigsten europäischen Herrscherhäusern und zog die großen Geister und Künstler der Zeit an.

152 Seiten, 180 Abb., Gebunden
ISBN 978-3-8271-9254-7 € 29,90